신비한 별자리이야기

2011년 5월 5일 인쇄
2011년 5월 10일 발행
엮은이 / 권광숙
펴낸이 / 임화순
펴낸곳 / 신인류
주소 / 서울시 노원구 상계5동 429-21
전화 / 02-951-5828
팩스 / 02-932-3537
등록 / 제22-1424호

*잘못된 책은 바꾸어 드립니다.

신비한 별자리 이야기

신인류

 ## 만남이 주는 소중한 교훈

우리는 평생을 살아가면서 많은 만남을 갖게 됩니다. 따뜻한 친구, 훌륭한 스승, 좋은 책, 그리고 우리 자신이 선택하는 모든 것 등. 이러한 만남들은 우리의 삶에 많은 영향을 끼칩니다. 그 영향이 곧 우리의 운명을 결정짓는 중요한 역할을 하지요. 여러분도 자신의 삶에 대해 여러 가지를 생각해 볼 것입니다.

"나는 어떻게 살게 될까?", "내게 어울리는 친구는 어떤 타입일까?", "어떤 여자(남자)친구와 사귀는 것이 좋을까?", "나는 대학 교수가 되고 싶은데, 과연 할 수 있을까?"

여러분은 별자리로 자신의 운명을 알아 볼 수 있다는 것을 알고 있습니까.

별자리로 자신의 운명을 알

아보는 것은 여러분이 태어날 때부터 약속받은 행복과의 만남을 위한 길잡이입니다. 나쁜 운명은 미리 알고 피할 수도 있으며, 좋은 운명은 보다 더 행복한 앞날을 설계할 수 있도록 도와 줄 것입니다. 이 책은 행복한 미래를 자신의 것으로 가꾸어 가는 데 필요한 정보를 여러분에게 알려 주기 위해 꾸몄습니다. 자신의 별  자리를 보고 별자리를 지켜 주는 수호별과 또 혈액형에 따라 친구를 사귀는 방법과 공부하는 방법, 어떤 패션이 어울리고 이성 친구로서 적당한지 아닌지, 성격과 특기, 적성, 다른 별자리 사람과의 관계 등 미래를 알아볼 수 있는 다양한 정보가 수록되어 있습니다. 여러분의 궁금증을 풀어 주는 유익한 책이 될 것입니다.

차 례

양자리 _15
양자리의 신화 _16
수호별과 수호신 _17
양자리는 이런 사람 _18
공부는 이렇게 _19
어떤 패션이 어울릴까? _20
저축하는 습관을 길러요 _21
이런 우정을 나눌 거예요 _22
좋아하는 친구가 양자리라면 _23
혈액형별로 본 성격 _24
다른 별자리와의 사이는? _25
양자리의 행운의 상징 _26

황소자리 _27
황소자리의 신화 _28
수호별과 수호신 _29
황소자리는 이런 사람 _30
공부는 이렇게 _31
어떤 패션이 어울릴까? _32
저축하는 습관을 길러요 _33
이런 우정을 나눌 거예요 _34
좋아하는 친구가 황소자리라면 _35
혈액형별로 본 성격 _36
다른 별자리와의 사이는? _37
황소자리의 행운의 상징 _38

쌍둥이자리 _ 39
쌍둥이자리의 신화 _ 40
수호별과 수호신 _ 41
쌍둥이자리는 이런 사람 _ 42
공부는 이렇게_ 43
어떤 패션이 어울릴까? _ 44
저축하는 습관을 길러요 _ 45
이런 우정을 나눌 거예요 _ 46
좋아하는 친구가 쌍둥이자리라면 _ 47
혈액형별로 본 성격 _ 48
다른 별자리와의 사이는? _ 49
쌍둥이자리의 행운의 상징 _ 50

게자리 _ 51
게자리의 신화 _ 52
수호별과 수호신 _ 53
게자리는 이런 사람 _ 54
공부는 이렇게_ 55
어떤 패션이 어울릴까? _ 56
저축하는 습관을 길러요 _ 57
이런 우정을 나눌 거예요 _ 58
좋아하는 친구가 게자리라면_ 59
혈액형별로 본 성격 _ 60
다른 별자리와의 사이는? _ 61
게자리의 행운의 상징 _ 62

사자자리 _ 63
사자자리의 신화 _ 64
수호별과 수호신 _ 65
처녀자리는 이런 사람 _ 66
공부는 이렇게 _ 67
어떤 패션이 어울릴까? _ 68
저축하는 습관을 길러요 _ 69
이런 우정을 나눌 거예요 _ 70
좋아하는 친구가 처녀자리라면 _ 71
혈액형별로 본 성격 _ 72
다른 별자리와의 사이는? _ 73
사자자리의 행운의 상징 _ 74

처녀자리 _ 75
처녀자리의 신화 _ 76
수호별과 수호신 _ 77
처녀자리는 이런 사람 _ 78
공부는 이렇게 _ 79
어떤 패션이 어울릴까? _ 80
저축하는 습관을 길러요 _ 81
이런 우정을 나눌 거예요 _ 82
좋아하는 친구가 처녀자리라면 _ 83
혈액형별로 본 성격 _ 84
다른 별자리와의 사이는? _ 85
처녀자리의 행운의 상징 _ 86

천칭자리 _87
천칭자리의 신화 _88
수호별과 수호신 _89
천칭자리는 이런 사람 _90
공부는 이렇게 _91
어떤 패션이 어울릴까? _92
저축하는 습관을 길러요 _93
이런 우정을 나눌 거예요 _94
좋아하는 친구가 천칭자리라면 _95
혈액형별로 본 성격 _96
다른 별자리와의 사이는? _97
천칭자리의 행운의 상징 _98

전갈자리 _99
전갈자리의 신화 _100
수호별과 수호신 _101
전갈자리는 이런 사람 _102
공부는 이렇게 _103
어떤 패션이 어울릴까? _104
저축하는 습관을 길러요 _105
이런 우정을 나눌 거예요 _106
좋아하는 친구가 전갈자리라면 _107
혈액형별로 본 성격 _108
다른 별자리와의 사이는? _109
전갈자리의 행운의 상징 _110

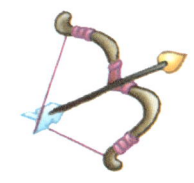

궁수자리 _111
궁수자리의 신화 _112
수호별과 수호신 _113
궁수자리는 이런 사람 _114
공부는 이렇게 _115
어떤 패션이 어울릴까? _116
저축하는 습관을 길러요 _117
이런 우정을 나눌 거예요 _118
좋아하는 친구가 궁수자리라면 _119
혈액형별로 본 성격 _120
다른 별자리와의 사이는? _121
궁수자리의 행운의 상징 _122

염소자리 _123
염소자리의 신화 _124
수호별과 수호신 _125
염소자리는 이런 사람 _126
공부는 이렇게 _127
어떤 패션이 어울릴까? _128
저축하는 습관을 길러요 _129
이런 우정을 나눌 거예요 _130
좋아하는 친구가 염소자리라면 _131
혈액형별로 본 성격 _132
다른 별자리와의 사이는? _133
염소자리의 행운의 상징 _134

물병자리 _135
물병자리의 신화 _136
수호별과 수호신 _137
물병자리는 이런 사람 _138
공부는 이렇게 _139
어떤 패션이 어울릴까? _140
저축하는 습관을 길러요 _141
이런 우정을 나눌 거예요 _142
좋아하는 친구가 물병자리라면 _143
혈액형별로 본 성격 _144
다른 별자리와의 사이는? _145
물병자리의 행운의 상징 _146

물고기자리 _147
물고기자리의 신화 _148
수호별과 수호신 _149
물고기자리는 이런 사람 _150
공부는 이렇게 _151
어떤 패션이 어울릴까? _152
저축하는 습관을 길러요 _153
이런 우정을 나눌 거예요 _154
좋아하는 친구가 물고기자리라면 _155
혈액형별로 본 성격 _156
다른 별자리와의 사이는? _157
물고기자리의 행운의 상징 _158

별자리를 지켜 주는 수호별의 의미

태양	왕성한 생명력, 영광, 명예, 용기, 제멋대로임, 완고함
달	뛰어난 감수성, 모성애, 신비함, 변덕스러움, 거짓말쟁이
수성	지혜로움, 이론가, 뛰어난 이해력, 수다쟁이, 성급함
금성	사랑과 평화, 아름다움과 조화, 바람둥이, 우유부단함
화성	용기, 모험심, 급한 성질, 정열적임, 경솔함
목성	행운, 성공, 추진력, 허풍, 자기 과시
토성	진지함, 신중함, 소심함, 의심이 많음, 냉정함
천왕성	발명가, 우호적, 고집쟁이, 심술꾸러기, 엉뚱함, 괴팍스러움
해왕성	감상파, 투시 능력과 음악적 재능이 뛰어남, 예술적임
명왕성	개혁가, 재출발, 강한 통찰력, 쉽게 초조해짐

각 별자리에는 자기만의 별자리를 지켜 주는 수호별이 있습니다. 황소자리는 금성이 지켜 주고 쌍둥이자리는 수성이, 게자리는 달이 그 수호별 역할을 합니다.
나의 별자리를 볼 때 이 수호별을 함께 보면 어떤 사람인지 더욱 정확한 파악이 될 것입니다.
별자리마다 특징이 있듯이 별자리를 지켜 주는 수호별에도 뚜렷한 특성들이 있습니다.
자신의 잠재 능력을 파악하는데 이 수호별의 특성을 대입해 보는 것도 좋은 방법이 될 것입니다.

나의 별자리는?

'내 별자리는 어느 것일까?'
태양이 어느 별자리를 지날 때 태어났느냐로 각자의 별자리가 결정된답니다.
우선 자기 자신의 별자리부터 알아야 이 책을 읽을 수 있겠지요?
자신의 생일은 누구라도 알고 있을 거예요. 자기의 양력 생일을 아래의 표에
대입해 보면 자신의 별자리가 나오게 됩니다.

별자리	기간
양자리	3월 21일 ~ 4월 19일생
황소자리	4월 20일 ~ 5월 20일생
쌍둥이자리	5월 21일 ~ 6월 21일생
게자리	6월 22일 ~ 7월 22일생
사자자리	7월 23일 ~ 8월 22일생
처녀자리	8월 23일 ~ 9월 22일생
천칭자리	9월 23일 ~ 10월 23일생
전갈자리	10월 24일 ~ 11월 22일생
궁수자리	11월 23일 ~ 12월 21일생
염소자리	12월 22일 ~ 1월 19일생
물병자리	1월 20일 ~ 2월 18일생
물고기자리	2월 19일 ~ 3월 20일생

이제 자신의 별자리를 알았다면 다음 페이지를 넘겨 보세요.
흥미진진한 궁금거리들이 여러분을 기다리고 있을 것입니다.

별자리 심볼 마크

양자리

3월 21일 ~ 4월 19일

양자리의 신화

황도 제1궁인 양자리는 12월 저녁, 남쪽의 밤하늘에서 빛나고 있습니다.

보이오티아의 왕자 플리크소스와 여동생 헬레는 새어머니의 음모로 제우스 신에게 제물로 바쳐져 죽임을 당하게 되었습니다.

그 때 어디선가 황금빛 털을 가진 양 한 마리가 나타나 하늘 높이 날아올랐습니다. 플리크소스의 친어머니가 아들을 구하기 위해 신에게 도움을 청하여 나타난 양이었습니다.

황금털 양이 바다 위를 날아갈 때입니다. 무심코 아래를 내려다보고 아찔해진 헬레가 그만 바다에 떨어지고 말았습니다. 황금털 양은 바다에 떨어진 헬레를 슬픈 눈으로 내려다보았지만 당장 어쩔 수가 없었습니다.

황금털 양은 계속 날아가서 코르키스 섬에 플리크소스를 내려 주었습니다.

플리크소스는 무사히 도착한 인사로서 제우스 신에게 황금털 양을 바치고, 그 가죽을 코르키스의 왕 아이에테스에게 선물하였습니다.

황금털 양은 플리크소스를 구하고 제우스 신에게 목숨을 바친 대가로 하늘에 올라가 별자리가 되었습니다.

수호별과 수호신

양자리를 지켜 주는 별은 화성, 수호신은 전쟁의 신 아레스입니다. 그렇기 때문에 양자리 사람은 용기와 모험심을 갖춘 활동적이고 용감한 사람입니다.

양자리는 이런 사람

언제나 쾌활하고 명랑하며 활기찬 성격이 양자리 사람의 특징입니다.

양자리 사람은 친구들이 두 손을 들어 환영하는 성격입니다. 한번 결심한 것은 곧바로 행동으로 옮기는 추진력까지 갖추었기 때문에 주위 사람의 신임도 대단하지요.

게다가 누군가가 괴롭힘을 당하는 것을 보면 절대 가만히 있지 못하는 강한 정의감을 지닌 것이 양자리 사람의 매력입니다. 그렇기 때문에 친구들에게 어려운 일을 부탁받는 경우도 많고, 통솔력이 강하여 리더적인 역할을 하는 경우가 많습니다.

무슨 일에든지 적극적으로 대처하고 새로운 것에 도전하는 의욕도 강합니다. 그래서 남들이 싫어하는 일이나 자신에게 이롭지 않은 일도

가리지 않고 처리합니다.

　의외로 아주 작은 일에도 세심한 신경을 많이 써 주는 편이어서 좋아하는 친구들이 많습니다.

　양자리 사람에게는 좀 덜렁거리는 면이 있지만 그것이 오히려 매력이 되기도 하지요. 사소한 실수로 친구들에게 웃음을 선사하기도 하고, 또한 너무 꼼꼼한 사람으로 비치지 않아 주위 사람들로 하여금 쉽게 친해질 수 있는 사람이라는 인상을 주기도 합니다.

　그러나 성질이 급하고, 언제나 자기가 옳다고 생각하는 면이 있어요. 때문에 한번 결정한 것은 누가 뭐라고 해도 좀처럼 바꾸려 하지 않고, 친구들이 반대해도 자신만의 고집을 부리기 때문에 종종 다투는 일까지 있습니다. 이런 점은 고치도록 노력하세요.

공부는 이렇게

집중력과 순발력이 뛰어난 양자리 사람들은 두뇌 회전도 빠르고 응용력도 좋아 '벼락 공부'에는 대표 선수라고 할 수 있습니다. 절대로 흥분하는 일 없이 차분하여, 시험에 아주 강하지요.
공부는 가능한 짧은 시간에 집중하여 끝내는 것이 좋습니다.
공부하는 방법도 퍼즐 문제를 푸는 것과 같은 가벼운 마음으로 하면 능률이 부쩍 오를 거예요.

# 어떤 패션이 어울릴까?

　양자리 사람의 특징은 머리와 머리카락에 있습니다. 머리는 좀 큰 편이고, 머리카락은 곱슬거리는 고수머리인 경우가 많지요.

　평소에 머리카락 손질을 게을리 하면 안 돼요. 윤기가 흐르는 매끄러운 머리카락이 중요한 매력 포인트니까요.

　또 키 큰 사람은 별로 많지 않지만, 비교적 건장하게 생긴 튼튼한 체격의 사람이 양자리에는 많습니다.

　양자리 사람은 비교적 어깨가 넓기 때문에 스포티한 패션이 아주 잘 어울릴 것입니다.

　단, 어깨에 패드가 들어 있는 윗도리는 어깨가 쳐들린 모양이 되어 바보스럽게 보일 염려가 있으므로 피하는 것이 좋겠어요.

평상복은 움직이고 활동하기에 편안한 것을 고르도록 하세요.

양자리 소녀의 외출 패션

몸에 착 달라붙는 테일러드 셔츠에
여성다움을 나타내는
미니 플레어 스커트를 입고,
목에는 원색 무늬의 스카프를 묶어
귀여움을 강조하세요.

저축하는 습관을 길러요.

양자리의 사람은 비교적 금전운이 있는 편이에요. 용돈이 궁하다 싶으면 누군가가 주머니를 채워 줍니다. 가족뿐만 아니라 삼촌이나 이모, 고모 등이 주로 용돈 후원자로군요.
그렇지만 있으면 있는 대로 몽땅 써 버리는 것이 양자리 사람의 흠입니다. 앞일을 생각하지 않고 갖고 싶은 것이 있으면 참지 못하고 다 사 버리죠. 그래서 언제나 빈털터리예요. 저축하는 습관을 기르는 것이 중요합니다.

이런 우정을 나눌 거예요

   양자리 사람들은 너무나 적극적입니다. 상대방이 한 번 마음에 들면, 다른 것은 아무것도 생각하지 않고 언제나 상대방만을 생각하고 있지요.
   양자리 사람은 시간을 두고 서서히 상대방을 좋아하기보다는 첫눈에 반해 버리는 경우가 많습니다. 감정이 풍부하기 때문에 상대방을 만나는 순간 자기도 모르게 '띵' 하는 것을 느낄 거예요.
   게다가 일단 좋아하게 되면 자기의 감정을 우선으로 생각하기 때문에 주위의 반대나 상대방이 자기를 어떻게 생각하는지는 안중에도 없습니

다. 오로지 자신의 감정만을 소중히 여겨 물불 가리지 않고 다가가지요. 상대방이 마음이 약하다면 기가 질려서 도망가 버릴지도 모릅니다.

그런데 곤란한 것은 그 적극성이 오래 지속되지 않는다는 거예요.

자기가 먼저 적극적으로 접근하여 마침내 서로 좋아하게 되었는데, 어느 날 갑자기 싫증을 내고 상대방을 차갑게 대하기 시작하는 경우가 있어요. 기가 질릴 정도의 무리한 적극성과 싫증을 잘 내는 면이 양자리 사람들의 결점이에요.

양자리의 우정은 드라마 같은 운명적인 만남으로 이루어질 가능성이 높습니다. 일단 사귀게 되면 먼저 좋아한다는 감정을 표현하고 금방 친해져 주위 사람들을 놀라게 할지도 모릅니다.

좋아하는 친구가 양자리라면

아주 밝고 활발한 상대방. 약간 유치한 면도 있지만 무엇에나 열심이므로 모두가 좋아합니다.

양자리의 이성 친구는 자신의 친구나 약한 사람에 대한 마음씀이 아주 훌륭한, 말하자면 태어날 때부터 '정의의 사자'인지도 모릅니다. 이런 친구에게 접근할 때는 무조건 의지하는 작전을 쓰세요. 곤란한 일을 당했을 때나 공부하는 데 모르는 것이 있을 때 등 무엇이든 의논하도록 하세요.

일단 돌보아 주기 시작한 사람은 끝까지 모른 체하지 않는 것이 양자리의 장점입니다. 그 마음이 어느 사이에 사랑으로 바뀐다 해도 이상할 건 없지요.

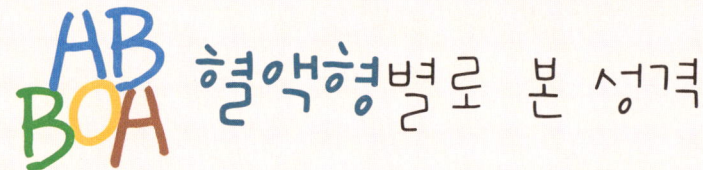# 혈액형별로 본 성격

A형

양자리의 타고난 강한 성격에 A형의 완고함이 더해져 누군가를 좋아해도 그것을 솔직하게 표현하지 못하는군요. 자존심이라든가 수줍음 같은 것은 버리고 상대방에게 솔직하게 다가가세요.

B형

양자리의 돌진력에 B형의 자유스러운 성격을 지녔기 때문에 매우 적극적인 성격입니다. 하는 일에 실패해도 상처받는 것을 별로 두려워하지 않으므로 모든 일에 도전적입니다.

AB형

유머가 풍부한 양자리에 AB형의 명석함이 더해져 언제나 즐겁군요. 상대방의 마음을 사로잡는 법까지 연구하고 있어 친구를 사귀는 데 있어 천재라고 할 수 있습니다. 아름다운 우정을 가꾸어 보도록 하세요.

O형

천성이 밝고 명랑한 양자리에 O형의 낭만을 갖추고 있어 사랑의 천사입니다. 순수함과 부드러움을 풍부하게 지니고 있으므로 분위기도 자연스럽게 만들지요. 멋있는 우정을 가꾸어 나가세요.

다른 별자리와의 사이는?

양자리 사람은 밝고 활발하기 때문에 모두에게 인기가 있습니다. 통솔력이 강해 자신이 원하지 않아도 언제나 리더적인 역할을 하게 되지요. 불의를 보면 참지 못하는, 정의감이 매우 강한 점이 매력입니다. 그래서 어느 자리에서나 친구들에게 환영을 받고 신임 또한 두텁지요.

좋은 사귐을 나눌 수 있는 별자리는 양자리, 쌍둥이자리, 사자자리, 천칭자리, 궁수자리, 물병자리 친구들입니다. 공통의 관심사에 대해 취미 생활을 같이 하도록 하세요. 하지만 염소자리 친구와는 아무래도 충돌이 많겠어요. 양자리는 성질이 급하고 염소자리는 완고하기 때문이지요. 그렇지만 양자리 사람은 대체적으로 어떤 별자리 친구와도 잘 지낼 수 있으니까 안심해도 좋습니다.

양자리	아주 좋음	서로 닮은 성격이어서 좋은 관계를 이룰 수 있어요.
황소자리	좋지 않음	적극성을 띠도록 하세요.
쌍둥이자리	좋음	즐거운 대화가 끊이지 않고 이어지겠어요.
게자리	보통	상대방이 하자는 대로 맞춰 가야겠네요.
사자자리	좋음	상대방에게 강하게 끌릴 거예요.
처녀자리	보통	서로 좋은 점을 찾아 조화시키면 발전할 수 있어요.
천칭자리	아주 좋음	가장 좋은 사이가 될 수 있어요.
전갈자리	좋지 않음	상대방의 시기나 견제가 너무 심하네요.
궁수자리	좋음	서로 이해하고 배려해 주는 편안한 상대군요.
염소자리	좋지 않음	침울한 상대방 때문에 피곤해질지도 몰라요.
물병자리	좋음	내가 상대방의 성격을 맞출 수 있어 좋아요.
물고기자리	보통	상대방이 좀 부족하게 느껴지겠어요.

양자리의 행운의 상징

숫자: 3, 6, 9
보석: 다이아몬드
색: 금색, 빨간색, 오렌지색
꽃: 데이지, 사루비아, 아네모네
요일: 화요일
시간: 오후 3시 전후
방향: 북동쪽
장소: 고원, 넓은 공원
직업: 디자이너, 모델, 작가

황소자리

4월 20일 ~ 5월 20일

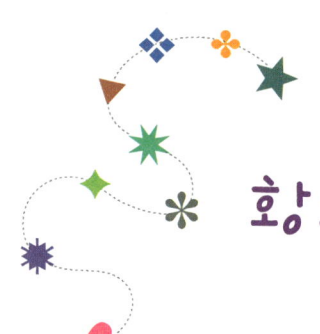

황소자리의 신화

황도 제2궁인 황소자리는 3월 하순경, 남쪽 밤하늘 한가운데서 빛나고 있습니다.

옛날 지중해의 아시아 쪽 해안에 위치한 페니키아라는 나라에 아름다운 공주 에우로파가 살았습니다.

제우스 신은 일찍부터 에우로파에게 반하여 어떻게든 그녀와 가까이 지내려고 노력하였습니다. 그러나 에우로파가 말을 잘 듣지 않아 제우스 신의 마음대로 되지 않았습니다.

어느 날, 에우로파는 시녀들과 함께 바닷가에서 꽃을 구경하며 흥겹게 놀고 있었습니다. 그 때 제우스는 하얀 황소로 변신하여 그녀에게 접근하였습니다.

에우로파는 눈처럼 하얀 털에 투명하리만큼 맑은 눈, 순하고 부드러운 눈동자를 한 황소에게 화관을 씌워 주었습니다.

그러자 황소는 기쁘다는 듯이 그녀의 손에 입을 맞추었습니다.

하얀 황소의 행동에 흥미를 느낀 에우로파는 황소를 쓰다듬어 주다가 호기심에 황소의 등에 올라탔습니다.

그러자 황소는 기다렸다는 듯이 쏜살같이 내달리기 시작하였습니다. 그러고는 지중해를 건너 새로운 땅으로 공주를 데려갔습니다. 황소는 그 곳에서 본래의 모습인 제우스로 변신하여 에우로파에게 결혼해 달라고 청하였습니다.

후에 그 땅은 에우로파의 이름을 따서 '유럽'이라고 불리게 되었습니다. 제우스가 모습을 바꾸었던 황소는 별자리가 되어 하늘로 올라갔습니다.

수호별과 수호신

황소자리를 지켜 주는 별은 금성, 수호신은 아름다움과 사랑의 여신 아프로디테입니다. 그래서인지 황소자리 사람은 예술적인 센스가 뛰어난 낭만주의자들이 많습니다.

황소자리는 이런 사람

황소자리 사람은 대단히 내성적인 성격으로 참을성이 강하고 신중한 것이 특징입니다.

자신이 원하는 것은 반드시 손에 넣어야만 만족하는 강한 의지를 지니고 있으며, 자연과 예술을 사랑하는 것도 황소자리의 특징입니다.

또한 조용하고 부드러운 마음의 소유자여서 누구에게나 부드럽고 따뜻한 배려를 해 줍니다. 설령 내가 손해 볼 것 같은 경우에도 양보하지요.

그러나 자기 자신에게는 매우 엄격합니다. 이 점이 황소자리의 멋진 면이기도 합니다. 그래서 친구들로부터 많은 신임을 받고 있습니다.

아름다운 것, 낭만적인 것을 좋아합니다. 하지만 자기 중심적으로 생각하는 편이어서 다른 사람의 의견에는 귀를 기울이지 않는 버릇이 있습니다.

공부하는 방법이라든가 친구와 다투었을 때 잘잘못을 가리는 등, 때로는 남의 말을 꼭 들어야 할 때도 있습니다. 그러므로 무조건 친구의 의견을 무시하는 행동은 옳지 않습니다.

황소자리 사람은 또 독점욕도 강하며, 화를 내는 일은 거의 없지만 일단 화가 났다 하면 쉽게 가라앉지 않습니다. 게다가 그것을 잊어버리지 않고 언제까지나 기억하고 있지요.

그러나 친구들과의 관계에 있어서 용서하는 자세는 반드시 필요한 것입니다. 너그러움을 지니도록 하세요.

공부는 이렇게

황소자리 사람들은 벼락치기보다 꼼꼼하고 빈틈없는 계획을 세워 공부하면서 최고의 효과를 올릴 수 있어요. 조금씩이라도 매일매일 공부하는 방법을 택하세요. 계획표는 될 수 있는 한 자세하게 만들고, 그 계획표대로 진행하여 끝날 때마다 하나씩 지워 가는 것이 좋습니다. 그리고 친구가 공부하는 데 좋은 아이디어를 가지고 있으면 그것을 꼭 참고하세요. 황소자리 사람에게는 하나의 토대가 있으면 그것을 열 배 정도까지 불릴 수 있는 능력이 있으니까요.

어떤 패션이 어울릴까?

균형이 잡힌 둥그스름한 몸매를 지닌 황소자리, 웃을 때의 입 모양이 대단히 매력적입니다.

황소자리 사람의 매력 포인트는 웃는 얼굴입니다. 웃는 얼굴이 보다 멋있게 보일 수 있는 방법을 거울 앞에서 연구해 보는 것이 좋겠어요.

여자의 경우 목선과 뒷덜미가 아름다운 것도 숨은 매력입니다. 머리를 짧게 커트하거나, 긴 머리라면 묶거나 틀어올리는 것이 매력 포인트를 살리는 것이 됩니다.

결점은 발목이 좀 굵다는 것, 그리고 자세가 나쁜 것입니다. 앉아 있을 때나 걸을 때 등을 구부리지는 않나요? 바른 자세로 걷는 연습을 하도록 하세요.

황소자리 사람들은 좀 통

통한 편이어서 몸에 딱 맞는 옷은 좋지 않습니다.

  평상복으로는 티셔츠에 면바지 같은 편안하게 입을 수 있는 것을 선택하세요. 몸을 압박하는 듯한 옷은 느긋한 기분을 느끼게 하지 못하거든요.

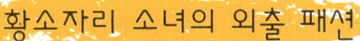
황소자리 소녀의 외출 패션

부드러운 니트 앙상블과 스커트로 균형 잡힌 몸매를 마음껏 연출하세요.

저축하는 습관을 길러요.

황소자리 사람들은 그다지 금전운이 좋다고는 할 수 없습니다. 그러나 뜻하지 않은 수입이 생기면 반드시 저금을 합니다. 돈도 주머니 사정에 맞게 규모 있게 사용하므로 손해 볼 것 같은 지출은 절대 하지 않습니다.

큰 부자가 되는 것은 좀 무리일지 모르지만, 평생 동안 돈에 구애받는 일은 없을 것입니다.

이런 우정을 나눌 거예요

황소자리 사람은 누군가를 좋아하는 데 있어서 부끄러움을 많이 타며, 또한 약간 겁을 내고 있군요. 자기가 좋아하는 상대방과 이야기할 수 있는 기회를 계속 기다리다가도, 막상 그 기회가 오면 당황하며 도망치는 스타일입니다.

이런 소극적인 면 때문에 황소자리 사람의 경우 자기가 먼저, "나는 네가 좋아." 하며 상대에게 친구가 되어 줄 것을 희망하는 경우는 아주 드뭅니다. 대부분 상대방이 먼저 다가와 고백해 주기를 기다리지요. 그래서 혼자만 가슴 태우다가 영영 기회를 놓쳐 버리는 경우가 많습니다.

또 처음 만난 순간에 누군가에게 빠지기보다는, 오랜 기간 사귀면서 우정을 키워 가기 때문에 친구들을 마구잡이로 사귀지 않습니다. 깊고 부드러운 애정을 오로지 한 사람에게만 쏟지요.

그러나 의외로 자기가 좋아하는 친구를 혼자서만 독차지하려는 독점욕이 강한 것이 흠입니다. 자기가 상대방에게 애정을 쏟은 만큼 자신도 받으려고 하지요.

황소자리 사람들은 시간을 두고 서서히 상대방을 이해하며, 그렇게 쌓인 상대방에 대한 믿음과 친근감이 점점 진한 우정으로 변해 갑니다.

따라서 진짜 좋아할 수 있는 '짝꿍'은 언제나 주변에 있는 친구일 가능성이 높습니다. 같은 반 친구일 수도 있고, 한 동네에서 어릴 때부터 같이 자라 온 사람일지도 모르지요.

우정은 상대방의 마음이 편안하도록 배려해 주는 마음에서 싹트는 것입니다. 황소자리 사람은 깊은 애정의 눈길로 상대방을 은근히 지켜 보는 그런 우정을 나눌 거예요.

 ## 좋아하는 친구가 황소자리라면

언제나 싱글거리는 얼굴에 따뜻한 분위기인 그 친구는 순박하고 성실한 사람입니다. 단, 상처받을까 봐 조심하는 성격이어서 좀 고지식하게 보이지요.

그리고 부드럽지만 어린아이 같은 면도 있어요. 뭔가 자기 마음에 들지 않으면 금방 토라지지요. 한마디로 어리광쟁이랍니다. 누나라든가 오빠 같은 마음으로 세심한 배려를 해 준다면 서서히 마음을 열 거예요.

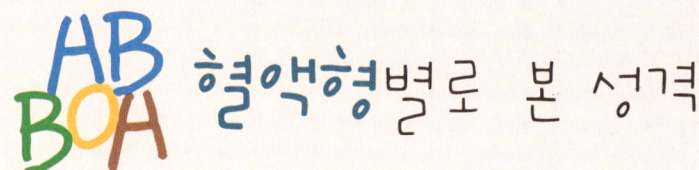 혈액형별로 본 성격

A형
황소자리의 미적 센스에 A형의 섬세함을 지닌 성격. 친구를 사귐에 있어서는 약간 겁쟁이군요. 그러나 일단 사귀면 넘칠 정도로 잘해 주지요. 독차지하려는 마음이 강한 것이 흠이에요. 여유 있게 생각하세요.

B형
황소자리의 신중함에 B형의 완벽주의가 더해진 성격이어서 누군가에게 한눈에 반한다는 일은 거의 없을 거예요. 처음엔 그저 아는 사이의 친구가 어느 사이엔가 깊은 우정을 나누는 친구가 되어 있을 거예요.

AB형
황소자리의 순박함에 AB형의 명석한 두뇌가 어우러진 개성파. 좋아하는 친구는 많아도 깊은 우정을 나누는 친구는 여간해서 사귈 수 없군요. 어쩐지 마음이 끌리는 친구가 있다면 좀더 적극적으로 다가가 보세요.

O형
황소자리와 O형의 공통된 특징은 낭만적이라는 것. 하지만 수줍음을 타기 때문에 자신의 마음을 솔직하게 표현하지 못하는군요. 그러다가는 영영 좋아하는 친구를 사귈 수 없을지도 몰라요. 좀더 적극적이 되세요.

다른 별자리와의 사이는?

성실하고 너그러운 황소자리 사람은 남들이 싫어하는 일이나 귀찮아하는 일을 잘 떠맡으며, 일단 맡은 일은 싫은 내색 없이 끝까지 해내므로 주위에서 믿음직스러워합니다. 그러나 적극성이 적어서 친구가 별로 많지 않습니다. 만일 외롭다고 느낀다면 적극적으로 나서서 친구를 만들어 보세요.

좋은 사귐을 나눌 수 있는 별자리는 황소자리, 게자리, 처녀자리, 전갈자리, 염소자리, 물고기자리 입니다.

그러나 궁수자리의 사람은 변덕이 많은데다 깊이 생각하지 않고 함부로 말을 하여 마음에 상처를 줄지도 모릅니다.

양자리	보통	상대방의 덜렁거림을 예쁘게 봐 줄 수 있다면 괜찮아요.
황소자리	아주 좋음	서로가 태평스러워서 다툴 일이 없어요.
쌍둥이자리	보통	상대방에게 맞출 필요가 있겠네요.
게자리	좋음	상대방이 무슨 일에나 포근하게 감싸 줄 거예요.
사자자리	좋지 않음	서로 양보하는 마음이 없으면 곤란합니다.
처녀자리	아주 좋음	시간을 두고 깊어진 사이라면 무슨 일이 있더라도 안심.
천칭자리	보통	예술적인 공통의 취미를 가지면 좋겠네요.
전갈자리	아주 좋음	이쪽의 굳은 마음이 상대에게는 더할 나위 없는 매력.
궁수자리	좋지 않음	무리해서 맞추려 해도 두 사람의 보조가 맞지 않는군요.
염소자리	아주 좋음	서로의 결점을 보완해 주는 이상적인 사이예요.
물병자리	좋지 않음	두 사람 모두 고집이 너무 세군요.
물고기자리	좋음	넓은 마음으로 대하면 우정의 꽃이 핍니다.

황소자리의 행운의 상징

숫자: 5, 6, 8
보석: 사파이어
색: 분홍색, 초록색, 파란색
꽃: 용담, 장미, 제비꽃
요일: 금요일
시간: 정오 전후
방향: 북동쪽
장소: 인테리어가 잘 된 찻집,
 꽃이 가득한 유원지
직업: 요리사, 음악가, 화가

쌍둥이자리

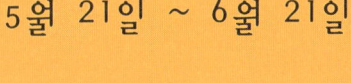

5월 21일 ~ 6월 21일

쌍둥이자리의 신화

황도 제3궁인 쌍둥이자리는 3월 초, 남쪽 밤하늘에서 빛나고 있습니다.

올림포스 12신 가운데 최고의 신인 제우스는 스파르타의 왕비 레다를 남몰래 사랑하였습니다.

그리하여 밤마다 백조로 변신한 뒤, 스파르타로 찾아가서 자기의 사랑을 받아 줄 것을 레다에게 간청하였습니다. 그래서 태어난 아이가 카스토르와 폴룩스라는 쌍둥이 형제입니다.

쌍둥이 형제는 제우스의 자식답게 강한 힘과 용기를 가지고 있었으며, 최고의 선생님들에게 교육을 받아 남들보다 뛰어났습니다.

형 카스토르는 말을 다루는 솜

씨와 전술에 매우 뛰어났으며, 동생 폴룩스는 권투의 명수이자 영원히 죽지 않는 불사신의 몸이었습니다.

그런데 카스토르와 폴룩스에게 심한 적의를 품은 이라스와 링케우스 쌍둥이 형제가 싸움을 걸어 왔습니다. 결국 링케우스는 카스토르에게 살해되고, 카스토르는 이라스에게, 이라스는 폴룩스에게 죽임을 당하였습니다.

불사신인 폴룩스만 남게 되자, 폴룩스는 아버지 제우스를 찾아가 자기도 형을 따라 죽게 해 달라고 애원하였습니다.

형제의 우애에 감동한 제우스는 이들 형제의 우애를 기리기 위해 두 영혼을 하늘에 올려 나란히 두 개의 밝은 별로 만들어 주었다고 합니다.

수호별과 수호신

쌍둥이자리를 지켜 주는 별은 수성, 수호신은 지식의 신 헤르메스입니다. 그래서인지 쌍둥이자리 사람은 정확한 판단력과 이해력이 상당히 뛰어납니다.

쌍둥이자리는 이런 사람

쌍둥이자리 사람은 새로운 것을 좋아하며, 호기심도 왕성하고 하고 싶은 것도 많습니다. 의지나 결단력은 조금 부족하지만, 어떤 일을 해내는 데 있어서의 추진력은 놀랄 만큼 강합니다.

쌍둥이자리 사람은 머리가 좋은데다 쾌활하고 사교성도 있어 누구와도 쉽게 사귈 수 있는 것이 장점입니다.

또한, 모든 일을 융통성 있게 생각하는 타입이어서 어려운 일에 부닥치거나 어떤 나쁜 환경에 처한다고 해도 침착하게, 그리고 훌륭하게 헤쳐 나갈 수가 있지요.

벌컥 화를 낸다거나 감정적이 되는 경우가 적고, 이성적으로 차분하게 행동한다는 점도 장점입니다.

더러 덜렁대기도 하지만, 이러한 점이 친구들에게는 귀엽게 보여 좋은 평을 받습니다.

그러나 모두와 잘 지내면서도

종종 상대방이 무심코 한 말을 오해하고 속상해한다든지, 시시한 걱정을 하는 경우가 많군요.

또 쌍둥이자리 사람들은 재주가 많기 때문인지 가끔 자만하여 거드름을 피우는 등, 행동이 뒤죽박죽되는 양면성을 지내고 있습니다. 친구들에게 오해를 사는 일이 없도록 주의해야 합니다. 금세 달아올랐다가 쉽게 식어 버리는 변덕쟁이 기질이 있는 것도 본인의 노력으로 고쳐야 될 사항이에요.

공부는 이렇게

쌍둥이자리는 놀라울 정도로 두뇌 회전이 빠르기 때문에 오랫동안 한 가지 일에만 몰두하는 것은 도리어 효율적이지 못합니다. 하루 종일 한 과목만 가지고 씨름을 한다든지 하면 능률이 오르지 않으므로, 집중하여 짧게 한 과목을 마치고 빨리 다른 과목으로 바꿔 가는 것이 좋습니다. 짧은 시간에 많은 과목을 공부하다 보면 자연적으로 깊고 폭넓은 공부를 한 것이 됩니다. 반에서의 수석도 노려볼 만 하니까 분발해 보세요.

# 어떤 패션이 어울릴까?

쌍둥이자리에는 키가 크고 날씬한 사람이 많은 것이 특징입니다. 또한 세련되고 귀족적인 분위기가 매력 포인트지요.

반짝반짝 빛나는 큰 눈도 상당히 매력적입니다. 왕성한 호기심으로 인해 무엇에나 관심을 갖고 흥미를 느끼므로, 두 눈동자에는 언제나 생기발랄하게 빛나고 있습니다.

약점은 목에서 가슴까지의 뼈가 두드러져 보인다는 것과 처진 어깨입니다.

만약 처진 어깨가 신경이 쓰인다면, 어깨에 패드가 달린 재킷이라든가 점퍼 같은 윗옷을 입도록 하세요. 아주 훌륭하게 커버할 수 있습니다.

쌍둥이자리 사람들은 비교적 키가 크고 날씬하기 때문에 어떤 옷을 입

어도 잘 어울립니다. 그 중에서도 특히 학생답고 단정한 옷차림이 가장 잘 어울립니다. 말쑥한 복장은 남의 시선을 끌기에 충분하지요.

평상복으로는 데님이나 코르덴 반바지 같은 것이 적당합니다.

쌍둥이자리 소녀의 외출 패션

패드가 있는 모직물 재킷 안에 티셔츠를 받쳐 입고, 미니 스커트나 짧은 반바지로 발랄하게 연출할 것을 권합니다.

저축하는 습관을 길러요.

쌍둥이자리는 돈 씀씀이가 헤픈 편인데도 평생 돈에 구애받지 않는 운을 지녔습니다. 특히 현상 모집이나 퀴즈풀이 같은 것에 운이 많아서, 별로 기대하지 않고 응모해도 현금이나 여행권, 상품 등에 당첨되는 경우가 많습니다.

하지만 사고 싶은 것이 있으면 앞뒤 가리지 않고 무조건 사 버리기 때문에 돈이 잘 모이지 않습니다.

이런 우정을 나눌 거예요

쌍둥이자리에는 세련된 화술로 어떤 사람과도 편안하게 즐거운 대화를 나눌 수 있는 능력을 지닌 사람들이 많습니다.

그러므로 자신의 마음에 드는 친구의 우정을 얻는 일은 그리 어렵지 않을 것입니다. 친구를 사귈 기회가 아주 많거든요.

그렇지만 오랜 기간을 두고 깊게 사귀는, 진실한 우정을 나누는 데는 좀 소홀한 면이 있군요.

누군가를 대단히 좋아하는 마음 한편으로는 점점 시들해져 가는 것이 쌍둥이자리 사람들의 특징이거든요. 상대방이 너무나 좋아서 결점도 보이지 않는다는 맹목적인 사귐은 절대로 할 수 없을 것입니다.

오히려 상대방을 너무 차갑게 대하게 되어 저쪽에서 더 이상 관심을 갖지 않는다거나 싫증을 내는 경우까지 종종 있지요. 아무리 좋아해도 그 사람 때문에 상처받고 심각하게 고민하는 것은 아주 질색입니다.

그래서 한 사람과만 진지하게 사귀는 것보다, '여러 애들과 가볍게 만나서 노는 게 난 더 즐거워.'라고 생각하기도 합니다.

그러나 다른 친구들은 그 마음을 잘 이해해 주지 못하지요. 언제나 많은 이성 친구들에게 둘러싸여 있는 경우가 많아서 잘못하면 바람둥이라는 오해를 받게 되기도 하지요.

쌍둥이자리에게는 원래 연애운이 많습니다. 아마도 여러 번의 사랑을 경험하게 될 거예요.

실은 그 많은 친구들 중에 운명의 상대가 있어요. 일단 한 번 헤어진 뒤 우연히 다시 만나게 된다면, 그 때 비로소 우정 같은 애정이 싹트게 되어 영원한 친구가 될 거예요.

 좋아하는 친구가 쌍둥이자리라면

두뇌 회전이 빠르며 화술이 뛰어나고 밝은 쌍둥이자리는 아주 재미있는 사람이지요. 호기심이 강해서 느긋한 것은 싫어하며, 산뜻하고 가벼운 우정을 좋아합니다. 상대방이 쌍둥이자리라면 그저 놀이친구를 대하는 것 같은 가벼운 마음으로 놀이에 초청하세요. 새롭고 즐거운 놀이라면 상대방은 기꺼이 오케이 할 것입니다. 유원지에 같이 놀러 간다든가 영화, 연극 같은 것을 같이 즐기다 보면 언젠가는 상대방의 마음도 기울어지게 될 거예요.

 혈액형별로 본 성격

A형
지성적인 쌍둥이자리에 A형의 신중함을 지녔군요. 누군가와 은밀한 시간을 갖기보다는 낭만적인 것을 더 좋아합니다. 그러나 본의 아니게 바람둥이라는 오해를 받을 수도 있겠어요.

B형
자유를 사랑하는 쌍둥이자리인데다 B형의 강한 호기심을 갖추었군요. 상대가 자신에게 관심을 보이지 않으면 재빨리 돌아서는데, 진정한 우정에는 인내심이 필요하다는 것을 알아 두세요.

AB형
쌍둥이자리와 AB형의 공통점인 양면성을 지니고 있군요. 좀처럼 누군가와 쉽게 사귀지 않지만, 일단 사귀기 시작하면 변화 있는 우정을 원합니다. 간혹 마음의 줄다리기로 상처를 입기도 합니다.

O형
쌍둥이자리의 풍부한 유머 감각과 독특한 개성에 분위기 만점인 O형들은 친구를 사귀는데 있어서 천재입니다. 친구들이게 인기도 많지요. 그러나 받는 사랑보다 내가 먼저 사랑하는 소중함도 배우세요.

다른 별자리와의 사이는?

쌍둥이자리 사람은 누구에게든 친절하고 마음 편하게 대해 주어 친구들이 많습니다. 다만 변덕이 심한 것이 약간 걱정됩니다. 어제까지 잘 지내던 친구와 사소한 말다툼이나 견해 차이로 갑자기 절교를 선언한다든지 서먹서먹한 사이가 되어 버리는 수가 있거든요. 친구와 계속 사이좋게 지내고 싶다면 참을성을 기르는 노력이 절대적으로 필요합니다. 항상 변덕만 부리면 진실로 친한 친구는 생기지 않습니다.

좋은 사귐을 나눌 수 있는 별자리는 양자리, 쌍둥이자리, 사자자리, 천칭자리, 궁수자리, 물병자리의 친구들입니다. 취미나 생각하는 것이 비슷해서 즐거운 대화를 나눌 수가 있습니다.

하지만 처녀자리 친구와는 좋지 않습니다. 친구의 쓸데없는 참견이 지겹게 느껴질 것이기 때문입니다.

양자리	좋음	한 가지에만 열중하는 상대를 적당히 조절하세요.
황소자리	좋지 않음	이쪽의 변덕스러움이 상대의 기분에 맞지 않습니다.
쌍둥이자리	아주 좋음	서로 간에 좋은 감정을 느끼네요.
게자리	보통	상대방이 귀찮다는 생각이 들지 않는다면 좋아요.
사자자리	좋음	상대는 달콤한 말을 좋아하는 낭만적인 사람이에요.
처녀자리	좋지 않음	상대의 결점을 너그럽게 보아 주어야 해요.
천칭자리	아주 좋음	놀라울 정도로 생각하는 것이 같은 이상적인 짝꿍이네요.
전갈자리	좋지 않음	이쪽의 변덕 때문에 서로 원수지간이 될지도 몰라요.
궁수자리	좋음	번갈아 가며 새로운 일을 꾸미므로 즐거울 거예요.
염소자리	좋지 않음	정반대의 성격 때문에 자주 충돌할 것 같아요.
물병자리	좋음	서로 상대의 기분을 단번에 알아채는 이상적인 친구예요.
물고기자리	보통	왠지 항상 티격태격하는 관계일 것 같아요.

쌍둥이자리의 행운의 상징

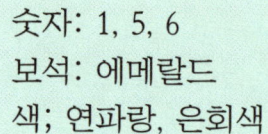

숫자: 1, 5, 6
보석: 에메랄드
색; 연파랑, 은회색
꽃: 백합, 붓꽃, 은방울꽃
요일: 수요일
시간: 오후 5시 전후
방향: 북동쪽
장소: 역 근처의 가게
직업: 교사, 아나운서, 해설자

게자리

6월 22일 ~ 7월 22일

게자리의 신화

황도 제4궁인 게자리는 3월 하순의 저녁 무렵, 남쪽 하늘에서 보입니다.

헤라클레스는 신들의 왕인 제우스와 인간 여자 사이에서 태어났습니다. 힘이 장사로서 영웅이라는 소리를 들었지요.

그 때문에 제우스 신의 아내인 헤라 여신은 영웅 소리를 듣는 헤라클레스를 몹시 미워하였습니다.

그리하여 어떻게 해서든지 헤라클레스를 죽이려는 음모를 꾸며, 그에게 12가지 모험을 하게 만들었습니다. 9개의 머리를 가진 히드라를 없애라는 것이 그 중 하나였습니다.

헤라클레스는 네메야 계곡에서

피투성이가 된 채 히드라와 30일 간에 걸친 싸움을 벌이던 중, 또 하나의 괴물을 만났습니다.

　헤라 여신이 헤라클레스를 죽이기 위해 히드라를 도우라고 보낸 거대한 게였습니다.

　괴물 게는 헤라의 명령에 따라 헤라클레스의 발가락을 물었습니다. 그러나 그 거대한 괴물 게도 결국은 헤라클레스의 발에 밟혀서 한쪽 다리를 부러뜨린 채 죽고 말았습니다.

　헤라 여신은 자신의 명령을 따르다 죽은 이 게를 불쌍히 여겨 그대로 하늘에 올려 별자리로 만들었습니다.

수호별과 수호신

게자리의 수호별은 달, 수호신은 달과 사냥의 여신 아르테미스입니다. 그 때문인지 게자리에는 감수성이 아주 풍부하고 낭만을 사랑하는 정열적인 사람이 많습니다.

게자리는 이런 사람

　게자리 사람은 자신보다 남을 먼저 배려하고 생각하는 친절한 성격이며, 자신만의 상상의 세계를 가지고 있는 몽상가이기도 합니다.

　그리고 낙엽 떨어지는 오솔길 걷기를 좋아하고, 또한 바닷가 모래밭을 좋아하는 친구와 함께 걷고 싶어하는 아주 낭만적인 기질을 가지고 있지요. 자기의 능력이라든가 모자라는 면을 발전시키려는 진취적인 의욕도 강합니다.

　마음이 맞는 사람에게는 매우 친절하고 세심한 배려도 아끼지 않습니다. 사람들과도 잘 사귀어 친구들이 아주 많지요. 예의바르고 의리가 두터운 면도 있어요.

　그러나 여러 가지 점에서 감정적이기 때문에 쉽게 화를 내는 경우가

종종 있습니다. 게다가 자기의 기분이 좋을 때와 나쁠 때가 너무 극단적으로 차이가 납니다.

고집이 세고 완고하며, 자기 멋대로인 면도 있지요. 또 입장이 곤란해지면 꽁무니를 빼기도 하므로 친구들에게 겁쟁이로 보일 수도 있어요.

친한 친구를 위해서는 헌신적인 노력을 하지만, 좋아하지 않는 사람에게는 입을 꽉 다물고 말을 하지 않는 것이 게자리 사람의 결점입니다. 여러 사람과 두루두루 사이좋게 지내도록 노력하세요.

공부는 이렇게

게자리 사람들은 비교적 집중력은 약간 모자라지만 조금씩 쌓은 실력을 한꺼번에 폭발시킵니다. 하루 1시간씩이라도 매일매일 공부하도록 하세요.

특히 친구와 함께 공부하면 그 친구의 집중력이나 공부하는 방법, 감성 같은 것에 자극을 받아 능률이 더 오를 거예요.

게자리 사람은 흉내내는 데 천재이므로 친구가 하는 방법을 따라 해 보면 예상 밖의 효과를 낼 수 있습니다.

# 어떤 패션이 어울릴까?

게자리에는 좀 통통한 체격에 키가 별로 크지 않은 사람이 많은 것 같습니다. 통통하지만 하반신은 호리호리한 것이 특징이지요. 때문에 하반신에 비해 상반신이 크게 보이는 사람이 적지 않은 것 같습니다.

하지만 피부는 정말로 곱습니다. 지금은 비록 여드름 때문에 고민할지 모르나, 어른이 되면 자동적으로 없어질 테니까 안심하세요.

전체적으로 몸을 조이는 듯한 옷을 입도록 하세요. 단, 너무 말쑥하게 차려입으면 게자리 특유의 분위기가 사라지므로 분위기 연출에 신경을 좀 써야겠지요.

약간 야한 듯하면서도 사랑

스러운 분위기가 감돌도록 차려 입을 것을 권합니다.

평상복은 트레이닝이나 조깅웨어 같은 스포츠 패션이 좋고, 진 소재의 넉넉한 멜빵 바지 같은 것도 어울립니다.

게자리 소녀의 외출 패션

가벼운 소재의 깃이 넓은 블라우스에
무릎 밑으로 약간 내려오는
플레어 스커트가 잘 어울릴 거예요.

저축하는 습관을 길러요.

게자리 사람의 금전운은 좀 독특한 면이 있습니다. 자기가 이득을 얻고자 하면 무슨 이유로든지 엉뚱한 곳으로 돈이 나가고 말지요. 그런데 친구에게 점심을 산다거나 선물을 하게 되면 그 이상의 것이 돌아오는 것입니다.

어디론가 여행을 갔을 때는 누구를 위한 것이든 반드시 작은 선물이라도 사 오도록 하세요. 그러면 항상 풍족할 거예요.

이런 우정을 나눌 거예요

　게자리 사람들은 친구들에게 상당히 인기가 많아요. 그러난 본인이 한 눈에 좋아하게 되는 사람은 단 한 사람 뿐이지요. 게다가 일단 좋아하게 되면 그 한 사람에게만 아주 자상한 마음씀을 보입니다.
　하지만 수줍음을 많이 타는 성격이어서, 긴장한 나머지 대화도 잘 나눌 수 없게 되어 버립니다.
　이런 성격의 게자리 사람이 적극성을 띤다는 것은 좀 무리이겠지요? 그저 눈에 띄지 않는 곳에서 조용히 바라보기만 하면서 상대방이 자신의 마음을 알아 주기만을 기다리는 일밖에는 할 수 없을 거예요.

　하지만 그러다가는 안타깝게도 끝내 그 좋아하는 친구와 사귀게 되지 못하는 일이 생기고 말지도 모릅니다.
　어찌어찌하여 상대방에게 자신의 마음을 전하는 데 성공하게 되면, 상대방이 배신하지 않는 한 그 마음은 평생 동안 변하지 않습니다.

단, 상대에게 그 정도로 애정을 퍼붓는만큼 자신도 받으려고 하는 마음에서 독점욕이 강합니다.

그리고 독점욕 못지않게 질투심도 강하지요.

그런데 그 질투심을 상대방이 귀찮게 생각할 수도 있습니다. 이 점은 주의해야겠지요.

좋아하는 상대가 있어도 좀처럼 적극적으로 나서지 못하는 게자리 사람도 연애운은 남부럽지 않아요. 학교나 교회 같은 데서 남몰래 나를 지켜 보는 누군가가 있다는 걸 항상 머릿속에 간직하세요.

마침내 때가 되면, "너를 행복하게 해 줄 사람은 나뿐이야." 하면서 짠! 하고 등장할 거예요.

 ## 좋아하는 친구가 게자리라면

유머러스한 면과 서비스 정신은 좀 부족하지만, 그러나 그 미소 속에 부드러움이 넘치는 좋은 친구이군요. 한번 좋아하면 일생 동안 마음이 변하지 않는 순수한 면이 있습니다.

자신의 마음을 표현하는 데 적극적이지 못한 게자리 상대라면 '그림자 작전'을 써서 다가가세요. 언제 어디서나 곁에 있어 주는 거예요. 그리고 뭔가를 찾는 눈치이면 연필이든 손수건이든 아무것이나 내미세요. 틀려도 상관없어요. 이쪽의 마음씀을 나타낼 수 있다면 그것으로 족해요. 상대방이 웃어 보이면 속마음을 털어놓을 수 있는 깊은 우정을 나누는데 성공한 것이나 다름없습니다.

혈액형별로 본 성격

A형

노력형인 게자리에 고지식한 A형의 특징을 지닌, 마음이 따뜻한 사람이군요. 한 친구만 변함없이 좋아합니다. 무슨 일이든 가족이나 친구들에게 이야기하고 의논하는 습관을 들이도록 하세요.

B형

게자리의 섬세함에 B형의 상냥함을 지녔군요. 좀더 적극성을 띠면 좋아하는 친구의 마음을 사로잡을 수 있어요. 서로 사귀게 되었을 때는 쓸데없는 참견은 하지 마세요.

AB형

게자리의 뛰어난 감수성에 AB형의 지성을 갖추었군요. 마음 속에는 깊은 애정을 지녔는데도 좀처럼 본심을 겉으로 드러내지 않습니다. 친구를 사귐에 있어서 소극적인 태도는 나빠요. 자신감을 갖도록 하세요.

O형

게자리의 깊은 애정과 O형의 몽상가 기질을 지녔군요. 친구를 사귀는 데 있어서는 신중형이지만 '바로 얘야'라고 생각되면 적극적으로 나서서 친구를 만들고 말지요. 너무 달라붙어 있으면 그 애가 귀찮아해요.

다른 별자리와의 사이는?

게자리 사람은 명랑하고 애교스러워서 친구들 사이에서 인기가 좋습니다. 일단 친구가 되면 의리를 지키고 오랫동안 사귀지요. 하지만 다른 사람의 영향을 받기 쉬운 성격이어서 약간 걱정스럽군요. 친구를 사귈 때는 신중히 생각해서 고르세요. 진실하고 부드러운 사람을 사귀면 본인도 그와 같이 되지만, 거친 사람을 사귀게 되면 그들의 거친 행동에 쉽게 물들게 되거든요.

사이좋게 지낼 수 있는 별자리는 황소자리, 게자리, 처녀자리, 전갈자리, 염소자리, 물고기자리의 친구들입니다. 게자리 특유의 섬세함을 잘 이해해 주어 같이 있기만 해도 마음이 평온해지지요.

맞지 않는 상대는 양자리 친구입니다. 자기 뜻대로만 모든 일을 처리하면서 이쪽의 의견을 무시하는 경우가 많아 속이 상할 거예요.

양자리	좋지 않음	상대의 교만함이 마음에 들지 않을 거예요.
황소자리	좋음	응석꾸러기인 친구를 편안하게 해 주겠군요.
쌍둥이자리	보통	나 외의 다른 사람들을 사귀는 상대에게 화가 날 거예요.
게자리	아주 좋음	서로가 잘 이해하기 때문에 아주 잘 어울려요.
사자자리	보통	소극적으로 행동하면 전혀 어울릴 수 없겠네요.
처녀자리	좋음	상대방이 야무지고 꼼꼼한 나에게 의지하고 싶어해요.
천칭자리	좋지 않음	감각적인 면에서 서로 많은 차이가 나므로 별로예요.
전갈자리	아주 좋음	이상적입니다. 오랫동안 사귈 수 있겠네요.
궁수자리	보통	변덕쟁이 상대가 좀 피곤할 거예요.
염소자리	아주 좋음	서로가 매력을 느끼네요.
물병자리	보통	약한 모습을 보이지 말고 대등하게 의견을 말하세요.
물고기자리	좋음	상대방의 다정함이 아주 좋군요.

게자리의 행운의 상징

숫자: 1, 2, 5
보석: 진주, 마노
색: 보라색, 은색, 흰색
꽃: 달맞이꽃, 프리지어
요일: 월요일
시간: 오전 11시 전후
방향: 북쪽
장소: 바다가 보이는 찻집, 강가
직업: 간호사, 관광 가이드, 보모

사자자리

7월 23일 ~ 8월 22일

사자자리의 신화

황도 제5궁인 사자자리는 4월 하순 저녁, 머리 위 남쪽 하늘에서 빛납니다.

영웅 헤라클레스는 제우스와 인간 여자 사이에서 태어났기 때문에 질투심 많은 헤라 여신의 미움을 받아 수많은 어려움을 헤쳐 나가야만 했습니다. 그는 헤라 여신의 계략으로 12가지 모험을 하게 되는데, 그 첫 번째가 네메야 골짜기에 나타나 사람을 해치는 사자를 죽이는 일이었습니다. 이 사자는 몸집이 크고 성질이 사나운데다 무쇠 같은 튼튼한 털가죽을 가지고 있었습니다.

헤라클레스는 활과 창을 가지고

네메아 골짜기로 갔습니다. 가는 길에 감람나무를 뽑아서 몽둥이를 만들어 들고 사자를 기다렸습니다. 마침내 사자가 나타나자, 헤라클레스는 먼저 활을 쏘았습니다.

그러나 활을 맞은 사자는 꿈쩍도 하지 않고 오히려 성질만 더 난폭스러워져 으르렁거리며 헤라클레스에게 덤벼들었습니다. 헤라클레스는 활을 내던지고 몽둥이로 힘껏 사자를 내리쳤습니다. 그러나 몸둥이만 부러졌을 뿐 사자는 아무렇지도 않았습니다.

헤라클레스는 맨손으로 사자와 뒤엉켜 무서운 결투를 시작했습니다. 그리고 오랜 시간 동안 피투성이가 되어 뒤엉켜 싸운 끝에 마침내 영웅답게 사자의 목을 졸라 죽여 버렸습니다. 제우스는 헤라클레스의 승리를 축하하기 위해 사자를 하늘로 올려 별자리로 만들었습니다.

수호별과 수호신

사자자리의 수호별은 태양, 수호신은 음악과 광명의 신 아폴로입니다. 그래서인지 사자자리 사람은 생명력이 왕성하며, 용기와 강한 의지를 지니고 있는 사람이 많습니다.

사자자리는 이런 사람

사자자리 사람은 사치스럽고 화려한 것을 좋아하는 성격이면서 모든 일에 적극적이고 의지가 강하며, 용기와 자신감에 넘쳐 있습니다.

거기에 남을 감싸안는 너그러움과 침착성도 겸비하고 있어, 한마디로 타고난 리더 타입입니다.

하지만 마음 속으로는 언제나 쓸쓸함과 고독하다는 기분을 느끼는 것도 특징입니다. 사자자리는 맑고 쾌활하면서도 뭔가를 알고자 하는 지적 욕구가 아주 왕성합니다.

때문에 모르는 것이 있으면 알게 될 때까지 노력하며, 또 자신의 교양을 더욱 많이 쌓기 위해 고전을 읽는다든지 문화, 유적에 관한 답사를 한다든지 하는 바람직한 면을 가지고 있습니다.

또한 성실하고 친절하여 남을 배려해 주는 마음도 좋습니다. 그리고 다른 사람에게 무엇인가를 부탁받으면 거절하지 못하는 자상한 면도 있는데, 그것이 사자자리의 제일 좋은 장점이라고 말할 수 있지요.

 가만히 있어도 주위의 시선을 끌어당겨 어쩐지 두드러져 보이는 신비스러운 매력의 소유자이기도 합니다.

 그러나 자기 중심적이기 때문에 언제나 다른 사람의 위에 서지 않으면 갑자기 기분이 나빠지는 면이 있습니다. 그 때문에 자만심도 강하고 좀 허풍스럽기도 하지요.

 다른 사람의 이야기에 귀를 기울이지 않고 독선적이며 성질이 급한 면도 문제점이라고 할 수 있습니다.

공부는 이렇게

기분이 좋을 때는 철저하게 일처리를 하지만, 기분이 나쁠 때는 나 몰라라 빈둥빈둥 놀기만 하는 변덕쟁이가 바로 사자자리의 특징입니다. 성적이 좋아지지 않는 원인도 바로 이런 때문이지요.

도전 정신이 강한 사자자리는 목표를 세우면 자신의 능력을 힘껏 발휘할 수 있습니다. 라이벌을 정해 놓고 그 친구와 경쟁한다든지, 성적이 오를 때마다 원하는 것을 사 주시겠다는 약속을 어머니에게서 받아 내세요. 그렇게 하면 공부하는 데 훨씬 능률이 오를 거예요.

# 어떤 패션이 어울릴까?

사자자리의 사람에게는 탄탄한 몸매를 가진 사람이 많다는 것이 특징입니다. 밝은 표정과 빛나는 눈, 그리고 코는 위를 향하고 있는 사람이 많은 것 같습니다.

특히 가는 허리와 해바라기가 핀 것 같은 화려한 분위기, 이것이 사자자리의 매력 포인트입니다. 좀 괴로운 일이 있더라도 기운을 내서 밝게 행동하도록 노력하세요. 찌푸리고 다닌다면 매력이 줄어들 테니까요.

결점은 어깨가 좀 넓다는 것과 뚜벅뚜벅 걷는 걸음걸이가 그다지 보기 좋지 않다는 것입니다. 무엇보다도 단정하고 예쁘게 걷는 연습을 많이 할수록 좋습니다.

평상복은 꼭 끼는 옷보다는 헐렁한 것이 좋습니다.

그러나 외출할 대에는 좀 맵시 있게 차려 입도록 하세요.

상당히 균형 잡힌 몸매를 지녔기 때문에 중국식 옷으로 자신만의 개성미를 연출하는 것도 한 방법입니다. 화려한 사자자리의 분위기에 딱 어울릴 것입니다.

사자자리 소녀의 외출 패션

허리가 잘록하고 몸매가 아름다우므로
빨강이나 파랑 같은 원색의
원피스 차림이 어울릴 거예요.
단, 단순한 디자인이 좋습니다.

저축하는 습관을 길러요.

인기가 많아 언제나 다른 사람들의 주목을 받고 있는 사자자리 사람은 허세를 부려 아무 명분 없이 한턱 낸다든지, 선물 등을 자주 해서 주머니가 늘 비어 있습니다.

남에게 인색하고 자신만을 위해 돈을 쓰는 얌체가 아니라는 점은 훌륭합니다. 그러나 꼭 필요할 때 쓸 돈이 없다면 어떡하겠어요? 앞날을 대비해 얼마쯤은 저축을 해 두어야겠지요.

이런 우정을 나눌 거예요

　어느 자리에 나타나는 것만으로도 분위기를 화려하게 바꾸는 사자자리 사람은 쾌활하고 솔직한 반면 외로움을 잘 탑니다. 그러한 모습을 보면 친구들은 감싸 주고 싶다는 생각을 하게 되지요.
　사자자리 사람은 친구들과 우정을 나누는 것에 대해 상당히 적극적입니다. 누군가를 좋아하게 되면 그 사람이 있든 없든 상관하지 않고 자기의 마음을 털어놓아야 만족스럽습니다.
　또 좋아하는 친구에 대한 감정을 가슴 속에 간직하지 못하는 것도 사자자리의 특징입니다. 다른 사람과 이야기할 때마다 그 친구에 대한 것을 화제로 삼기 때문에 주위 사람들은, "으응, 쟤가 좋아하는 애는 누구구나!" 하고 금방 눈치채지요.
　그런데 사자자리 사람에게는 의외로 사람을 보는 눈이 없다는 것이 결점입니다. 상대방이 조금만 칭찬해 주거나

부드럽게 대해 주면 금방, '응? 얘 정말 괜찮은 아이네!' 라고 생각해 버리지요. 그래서 남들보다 쉽게 친구를 사귀게 되지만, 상대방에 대해서 좀더 깊이 알게 되면 겉보기와는 전혀 딴판이어서 실망하는 경우도 있습니다. 그런 점을 주의해야 할 것입니다.

사자자리는 매우 적극적인 성격에 자존심도 강하여 웬만한 상대는 거들떠보지도 않습니다. 키 크고 잘생긴데다, 머리도 좋고 집도 부자여야 합니다. 또 센스도 있고 자신을 소중히 여겨 주는 사람이 아니면 안 되지요.

자신이 원하는 운명의 상대는 좀처럼 쉽게 만나지지 않을지도 모릅니다. 그러나 자기 자신을 잘 가꾸어 두면 언젠가는 한 편의 영화 같은 멋진 만남이 이루어질 거예요.

 ## 좋아하는 친구가 사자자리라면

사자자리인 상대방은 자존심이 센데다 용기 있고 의지가 강하며 밝은 친구입니다. 한마디로 동물의 왕 사자와 같은 사람이지요. 하지만 실제로는 고독을 많이 느끼는 사람이랍니다. 누군가에게 어리광도 부리고 싶고 하소연도 하고 싶은데, 주위 사람들의 기대를 한몸에 받고 있으므로 어른스러운 체 하려는 이유 때문일 거예요.

여럿이 어울려 놀고 난 뒤 혼자 남게 되면 갑자기 우울해지는 그 애, 이 때가 절호의 찬스예요. 집에 돌아와서는 "오늘 즐거웠어." 하며 바로 전화를 거세요. 쓸쓸해하던 참에 틀림없이 감격할 거예요.

혈액형별로 본 성격

A형

사자자리 특유의 쾌활함과 A형의 섬세한 마음씀을 지녔군요. 그래서 주위에 친구가 많은데, 친구가 없인 단 하루도 살 수 없는 사람이에요. 마음을 다하여 상대방을 위해 주고 애교도 있습니다.

B형

사자자리의 밝음과 B형의 자유스러움을 지녀 언제나 친구들에게 둘러싸여 있군요. 좋아하는 상대를 자랑하고 싶어 못 견딥니다. 하지만 상대가 자기 멋대로 행동한다고 생각할지도 모르겠네요.

AB형

사자자리의 높은 자존심에 AB형의 명석한 두뇌가 더해진 사람. 누군가를 쉽게 좋아하진 않지만, 마음에 둔 상대는 반드시 자기 뜻대로 할 수 있게 만들지요. 그러나 금방 싫증을 내는 것이 흠이에요.

O형

사자자리의 화려함과 O형의 솔직함을 지녔군요. 친구를 사귈 기회가 참 많은데, 가슴 속에 비밀을 간직하지 못하는 성격이어서 좋아하는 친구가 생기면 적극적으로 공격하여 우정을 쟁취하는 형입니다.

다른 별자리와의 사이는?

사자자리 사람은 정의감이 강하고 신뢰감이 있지요. 또 매사에 적극적이고 활발해서 인기가 아주 좋아요. 하지만 고독을 잘 타기 때문에 친구들과 함께 있을 때는 안심이 되어도 혼자 있으면 남들이 다 알 정도로 우울해합니다. 또 어떻게 해서든 사람들을 리드하고 싶어하는 면이 있는데, 그것이 친구들 눈에는 잘난 체하는 것으로 보일 수도 있다는 것을 염두에 두세요.

사이좋게 지낼 수 있는 별자리는 양자리, 쌍둥이자리, 사자자리, 천칭자리, 궁수자리의 친구들입니다. 단, 자기 주장이 너무 뚜렷한 사람이면 다투는 일이 많을 것이므로 주의하세요.

반대로 잘 맞지 않는 사람은 물고기자리 친구입니다. 이 친구들은 항상 이쪽에서 질색하는 일들을 아무렇지도 않게 강요하거든요.

양자리	아주 좋음	싸울수록 좋아지는 사이군요.
황소자리	보통	둘 다 고집스러워 충돌이 많겠어요.
쌍둥이자리	좋음	남을 즐겁게 해 주는 상대라서 좋아요.
게자리	보통	상대의 충고를 애정 표현이라고 받아 준다면 좋아요.
사자자리	아주 좋음	서로의 마음을 잘 아는 사이여서 아주 좋습니다.
처녀자리	보통	따지기 좋아하는 상대를 이해할 수 있으면 좋아요.
천칭자리	좋음	그룹 교제를 통하여 공통의 취미를 갖는다면 즐거워요.
전갈자리	좋지 않음	질투심 때문에 우울해하는 상대가 피곤할 거예요.
궁수자리	아주 좋음	남들이 부러워하는 사이가 될 수도 있어요.
염소자리	보통	생각은 정반대이지만 서로 이해하려고 노력한다면….
물병자리	좋음	서로 간섭하지 않는다면 좋은 관계를 유지할 수 있어요.
물고기자리	좋지 않음	상대방의 응석이 부담스러울 거예요.

사자자리의 행운의 상징

숫자: 1, 3, 9
보석: 루비
색: 금색, 빨강, 오렌지색
꽃: 달리아, 튤립, 해바라기
요일: 일요일
시간: 오후 2시 전후
방향: 북서쪽
장소: 고층 빌딩, 극장, 산이나 바다
직업: 디자이너, 모델, 정치가, 탤런트

처녀자리

8월 23일 ~ 9월 22일

처녀자리의 신화

> 황도 제6궁인 처녀자리는 6월 상순, 남쪽 하늘 중앙에서 빛나고 있습니다.

아주 먼 옛날, 이 세상은 정의와 진리가 널리 퍼져서 참으로 평화로웠습니다. 너무나 정의로운 세상이라 창이나 칼조차 필요가 없었습니다. 신들도 인간들과 어울려 지상에서 같이 살았습니다.

그런데 세월이 흐르면서 인간들은 점차 사악해지고, 욕망을 채우기 위해서라면 거짓말이나 폭력까지도 서슴지 않고 일삼았습니다. 신들은 악에 물든 인간들에게 정나미가 떨어져서 차례차례 하늘로 올라갔습니다. 마지막까지 지상에 남아 있던 신은 정의의 여신 디케뿐이었습니다.

디케 여신은 인간의 선악을 재는 데에 한쪽 접시에 정의의 날개를 올려 놓는 천칭을 사용했습니다.

선악을 나타내어 인간에게 정의를 행하도록 하였던 것입니다.

디케 여신은 인간에게 사랑과 진실이 있다는 것을 끈질기게 설득하며 다녔습니다.

그러나 인간들은 이미 자기 자신 이외의 사람은 믿을 수 없게 되어 버렸습니다. 친구나 가족조차도 의심의 눈으로 보는 것이었습니다.

그 대단한 디케도 이와 같은 인간을 감당할 수 없게 되고 말았습니다. 그리하여 마침내 인간들을 버리고 하늘에 올라가 별자리가 되었습니다. 이것이 처녀자리입니다.

수호별과 수호신

처녀자리의 수호별은 수성, 수호신은 지식의 신 헤르메스입니다. 그 때문인지 처녀자리 사람은 호기심이 왕성하며, 모든 일을 꿰뚫어보는 예리한 눈을 지니고 있습니다.

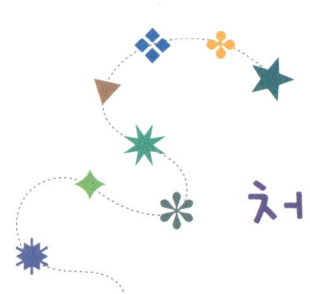

처녀자리는 이런 사람

처녀자리 사람은 처녀의 이미지 그대로 수줍음을 많이 타는 순정파들이 많습니다.

하지만 차분한 성격에 현실적인 면을 갖추었고, 결벽증이 있고 꼼꼼하여 매사를 완벽하게 처리하지 않으면 만족하지 못합니다.

천성적으로 깨끗한 것을 좋아하며, 또 착실하고 세심하지요.

요모조모 세심한 신경을 쓰는데, 사실은 쓸데없는 걱정인 경우가 종종 있는 것 같아요. 때로는 과감하고 대범해질 필요도 있다는 것을 마음에 담아 두세요.

친구를 소중히 여기고 항상 남을 먼저 배려해 주며, 상대가 지루해하지않도록 노력하는 면이 매우 훌륭합니다.

여러 방면에 걸쳐 폭넓고 풍부한 지식을 가지고 있기 때문에 이야깃거리도 아주 많습니다. 판단력도 정확하여 친구들 간의 다툼도 원만하게 잘 해결해 주지요.

그러나 신경질이 좀 많고, 좋은 것과 싫은 것을 숨기지 못하고 얼굴에 그대로 나타내는 것은 좀 걱정이 되네요.

아무리 싫더라도 주위 사람들과 분위기를 위하여 짐짓 좋은 체해야 할 경우도 있는 것이랍니다. 조금 양보하는 마음을 가지도록 하세요.

또 남의 잘못을 직선적으로 지적하기 때문에 '남의 일 참견하기 좋아하는 말 많은 애'라고 생각하는 친구가 있을지도 모릅니다. 너무 직선적이고 냉정하게 이야기하면 싫어하는 친구가 생길 수도 있으니까 주의하세요.

공부는 이렇게

꼼꼼하고 완벽한 것을 좋아하는 처녀자리 사람들은 남들은 그냥 지나치는 세세한 곳까지 파고들며 아주 오랜 시간 동안 공부를 합니다. 그렇지만 너무 세밀한 부분에 신경을 쓰다 보면 전체적인 것을 파악하지 못하는 경우도 있어요. '나무만 보고 숲은 못 본다.'는 경우이지요.

노트에 큰 도표를 그려서 먼저 전체의 흐름이나 의미를 확실히 파악한 후 자세하게 공부하는 습관을 들이도록 하세요. 그렇게 하면 반의 수석도 결코 꿈만은 아닐 거예요.

어떤 패션이 어울릴까?

처녀자리에는 전체적으로 날씬하고 균형 잡힌 스타일의 사람이 많은 것이 특징입니다.

제일 중요한 매력 포인트는 순하고 부드러운 이미지이지요. 무엇과도 바꿀 수 없는 귀중하고도 멋진 처녀자리만의 개성이랍니다.

맑은 눈동자와 가늘고 부드러운 목소리 또한 매력이 아닐 수 없습니다.

약점은 약간 작은 듯한 히프인데, 이것은 고민하지 않아도 좋겠지요. 왜냐 하면 작은 히프는 한국 사람을 비롯한 동양인의 특징이니까요.

비누 향기가 솔솔 풍겨 나올 듯한 청결한 느낌의 패션을 강력히 권합니다.

평상복으로는 체크 무늬 바지가 좋겠네요. 원래 체크 무늬는 입기가 까다로운데, 처녀자리들은 멋지게 소화해

낼 수 있지요.

외출할 때는 콤비나 정장에 타이를 조화시키도록 하세요.

처녀자리 소녀의 외출 패션

감청색 재킷에 같은 색 계통의
체크 무늬 셔츠와 플리트 스커트를 입으면
훨씬 돋보일 거예요.
가는 넥타이를 조화시켜 포인트를
주는 것도 아주 좋습니다.

저축하는 습관을 길러요.

처녀자리들은 금전 문제에 관한 한은 좀 인색합니다. 점심을 먹을 때도 다른 사람이 살 때는 비싼 것을 주문하지만, 각자 돈을 낼 때는 싼 것을 주문하여 친구들이 얌체라고 눈치를 주기도 하지요. 예금 통장에는 차곡차곡 저축이 쌓여 가지만, 뜻밖에 한꺼번에 큰 돈을 써야만 할 때가 반드시 생기기도 합니다. 너무 인색하게 굴지 않는 것이 금전운이 열리는 지름길이 될 수 있어요.

이런 우정을 나눌 거예요

순정파인 처녀자리는 상상 속에서 달콤하고 낭만적인 우정을 꿈꿉니다. 그러나 현실적인 우정에 대해서는 아주 차갑지요. 누군가와 사귀고 있을 때에도 비교적 냉정하게 대하고, 일단 작은 결점이라도 한 가지 발견하면 실망을 느끼고 금방 싫증을 내지요.

완벽주의자이기 때문에 친구도 완벽한 사람을 요구합니다. 외모가 잘생겨야 하고, 머리도 좋고, 풍부한 유머를 갖춘데다 집안도 좋은 그런 친구를 원하지요. 그러는 한편, 수줍음을 잘 타고 내성적이어서 자기가 먼저 자신의 마음을 고백한다는 일은 꿈꿀 수조차 없는 일입니다.

좋아하는 친구 앞에 서기만 해도 얼굴이 달아오르고, 가슴은 제멋대로 방망이질치지요. 제대로 말 한 마디 건네지 못하다가 그 애가 다른 친구와 가까워지면 안타까워하는 경우가 종종 있겠어요.

또 모범생에 깍쟁이 같

은 분위기가 때로는 친구들의 접근을 상당히 어렵게 만드는 경향도 있어요. 가끔 경계를 풀고 느슨한 면을 보이는 것도 괜찮을 거예요.

소설 속에나 나옴직한 우정을 동경하고 있으면서도 현실적으로는 자기 가까이에 있는 친구를 여러 모로 관찰하여 점수를 매기기도 합니다.

그러나 자신의 운명을 결정지을 상대에 대해서는 그런 계산을 무시하지요. 엄청난 힘과 빠른 속도로 그 애에게 기울어지게 되는데, 의외로 가까이에 있었지만 한 번도 생각해 본 적이 없는 친구여서 상당히 놀랄 거예요. 하지만 그 애의 성실함과 순수함에 온통 마음을 빼앗길 것이 분명합니다.

 ## 좋아하는 친구가 처녀자리라면

낭만적이며 꼼꼼한 당신의 그 사람은 감수성이 상당히 예민하여 마음의 상처를 쉽게 받습니다. 게다가 결벽증까지 심하므로 당신은 세심하게 신경을 써야 하며, 우선 깔끔하게 보여야만 합니다. 청순한 사랑을 좋아하므로 지나치게 적극적으로 접근하는 것은 오히려 역효과를 일으킵니다.

애정어린 편지를 자주 보내는 방법으로 상대방에게 접근하도록 하세요. 내용은 그다지 달콤할 필요는 없습니다. 책이나 영화를 본 후의 감상을 써 보내는 정도가 좋습니다. 독서를 좋아하는 상대방은 글 속에 숨겨진 당신의 마음을 읽어 내는 능력도 가지고 있습니다. 답장이 오면 사랑이 시작됩니다.

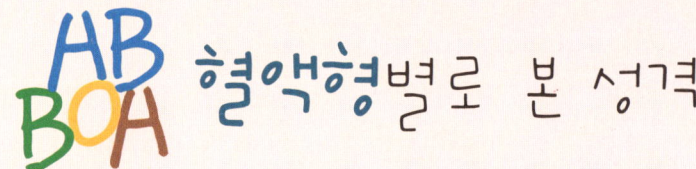 혈액형별로 본 성격

A형
수줍음이 많은 처녀자리인데다 A형의 완벽주의가 함께 어우러져 있군요. 지나치게 높은 이상만 추구하려다가 가까이에 있는 진짜 친구를 놓칠 수도 있습니다. 마음이 끌리는 친구를 선택하도록 하세요.

B형

처녀자리의 청순함과 B형의 순수함이 더해져 있으므로 친구들에게 신비한 매력을 느끼게 하는군요. 하지만 장난기가 많아서 친구를 곯리는 것으로 애정 표현을 할 것 같아요. 좀더 진지해지도록 하세요.

AB형
상처받기 쉬운 처녀자리의 여린 마음과 두뇌 회전이 빠른 AB형의 특성을 함께 지녔군요. 막상 친구를 사귀려고 하면 멈칫거리며 한숨을 쉬게 되는데, 왠지 자신이 없어서지요. 부정적으로만 생각하지 말고 마음의 여유를 가지도록 노력하세요.

O형

처녀자리의 청순함과 O형의 조숙한 멋이 합쳐져 어른스럽군요. 누군가를 사귀게 되면 기쁨보다는 마음의 고통이 클 것 같아 그것을 피하려고 합니다. 그러나 즐거운 쪽을 택하세요.

다른 별자리와의 사이는?

친구들로부터 '자기 주장이 강하고 지기 싫어하는 사람' 이라는 말을 듣는 경우가 많습니다. 아는 것이 많고 고집이 세서 친구들과 즐거운 대화를 나누는 사이에 논쟁하는 것처럼 되어 버리는 경우가 종종 있는데, 결론을 내리는 듯한 단정적인 말투는 친구들이 좋아하지 않아요. 싫증을 잘 내는 성격 때문에 오래 가는 친구는 없지만 비교적 친구운은 있는 편이어서 외로움을 느끼지는 않네요.

황소자리, 게자리, 처녀자리, 전갈자리, 염소자리, 물고기자리의 친구들과는 서로간의 비밀을 털어놓을 수 있는 친구가 될 거예요.

하지만 물병자리 친구와는 잘 맞지 않아요. 함께 놀고 있어도 왠지 재미가 없고, 의견 충돌이 자주 생기기도 합니다.

양자리	보통	성격이 너무 정반대예요.
황소자리	아주 좋음	서로 낭만적이어서 아주 잘 어울려요.
쌍둥이자리	좋지 않음	상대의 무신경이 완벽한 것을 좋아하는 나와 안 맞아요.
게자리	좋음	마음이 끌린다면 괜찮아요.
사자자리	좋지 않음	요모조모 관찰하는 것을 상대가 기분 나빠 할 거예요.
처녀자리	좋음	상대의 결점을 찾기보다 시간을 두고 사귀도록 하세요.
천칭자리	보통	이쪽에서 한 발 양보하면 좋은 사이가 될 수 있어요.
전갈자리	좋음	상대의 호흡에 맞추어 가도록 하세요.
궁수자리	좋지 않음	둘 다 신경질적이어서 피곤하겠어요.
염소자리	아주 좋음	서로 마음이 통하는 멋진 짝꿍이 될 수 있어요.
물병자리	좋지 않음	상대에게 금방 싫증을 내게 돼요.
물고기자리	좋음	나는 현실적인데 상대는 몽상가이지요.

처녀자리의 행운의 상징

숫자: 1, 5, 6
보석: 캣츠아이, 터키석
색: 노란색, 베이지색, 브라운색
꽃: 은방울꽃, 코스모스
요일: 금요일
시간: 오전 10시 전후
방향: 서북쪽
장소: 도서관, 풀과 나무가 많은 공원
직업: 교사, 미용사, 비서, 스튜어디스

천칭자리

9월 23일 ~ 10월 23일

천칭자리의 신화

황도 제7궁인 천칭자리는 7월 상순경, 남쪽 하늘 중앙에서 빛나지요.

천칭자리 신화에는 처녀자리에서도 나왔던 정의의 여신 디케의 이야기가 계속됩니다.

디케 여신은 오른손에는 정의의 날개를 들고 왼손에는 보리이삭을 든 모습으로 나타납니다. 그녀가 악해질 대로 악해진 인간에게 절망감을 느끼고 지상을 떠나 하늘로 올라갈 때 주머니에 보리이삭을 가득 채우고 갔기 때문이지요.

그러나 더 이상 악해질 수 없을 정도로 악해진 인간은 디케 여신의 주머니에 구멍을 뚫어 놓았습니다. 그래서 디케 여신이 하늘로 올라가는 도중에 보리이삭이 흘러내렸습니다. 이 흘러내린 보리이삭이 은하수가 되었습니다.

디케 여신은 지상에 있을 때 사람의 운명이나 사물의 선악을 재는 천칭을 가지고 있었습니다.

지상이 아직 평화스러웠을 때 천칭은 선한 쪽으로 기울어져 있었지요.

그러나 사악해진 인간들이 자신의 욕망을 채우기 위해 거짓말을 하고 싸움이 잦아지면서 천칭은 악한 쪽으로 기울어지게 되었습니다.

디케 여신은 마지막으로 지상을 떠날 때 인간들이 정의의 마음을 가져 주길 바라는 마음에서 천칭을 하늘로 올려 별자리가 되게 했습니다.

이것이 천칭자리입니다.

수호별과 수호신

천칭자리의 수호별은 금성, 수호신은 아름다움과 사랑의 여신 아프로디테입니다. 그래서인지 천칭자리의 사람은 아름다운 것을 꿰뚫어보는 시각이 뛰어나고 대단히 부드럽습니다.

천칭자리는 이런 사람

밝고 명랑한데다 시원스럽고 사교적인 성격이 천칭자리 사람의 대표적인 특징입니다. 무슨 일을 당하든 침착하고, 남과 싸우기 싫어하는 평화주의자이기도 하지요. 정의감도 강하고 누구에게나 공평하게 대한답니다.

천칭자리는 아주 부드러우며, 애정이 깊고 남에게 친절합니다. 어려운 일을 당하고 있는 사람을 보면 모른 척 그냥 지나치지 못하지요.

또 친구가 많고 여럿이 어울려 떠들썩하게 놀기를 좋아하지만, 짓궂은 장난으로 어른들의 눈총을 받는 등의 경솔한 행동은 하지 않습니다.

친구들과 무언가 충돌이 있어도 타고난 판단력으로 공평하고 원만히 해결하므로 주위 사람들의 신뢰가 상당히 두텁습니다.

그러나 결단력이 약간 부족

하고 우유부단한 것이 흠입니다. 이 친구가 좋을지 저 친구가 좋을지 쉽게 결정을 내리지 못해요.

어떻게 보면 이 친구가 자신과 제일 잘 어울리는 좋은 친구인 것 같고, 저 친구를 보면 그 애가 제일 멋져 보이는 거예요.

중요한 일에 있어서 너무 깊이 생각하다 갈피를 못 잡고 확실한 결단을 내리지 못합니다. 그만큼 자기 자신에게 만족하지 못하고 내심으로 초조해하는 면이 적지 않습니다.

무슨 일이든 자신감을 가지고 처리하도록 하세요.

공부는 이렇게

천칭자리 사람들은 균형 감각이 뛰어나기 때문에 어떤 과목이든 보통의 성적은 유지합니다. 하지만 욕심 없는 소탈한 성격 때문에 일등이 되고자 하는 마음이 없는 것이 좀 문제이군요.
좋아하는 과목을 좀더 파고들어 보세요. 열심히 노력하면 자신도 놀랄 정도로 성적이 쑥쑥 올라간답니다.
성적이 좋은 친구와 사이좋게 지내는 것도 성적을 올리는 한 수단이 됩니다.

# 어떤 패션이 어울릴까?

천칭자리에는 비교적 키가 크고 균형이 잡힌 건장한 몸매를 지닌 사람이 많습니다. 똑바로 선 콧날과 포동포동한 볼이 매력 포인트이지요.

보조개가 귀여운 사람이 많은 것도 특징입니다. 천칭자리 사람들의 우아하고 아름다운 동작을 부러워하는 사람이 많을 거예요.

약점은 조금만 방심하면 배가 나올 수 있다는 것입니다.

윗몸일으키기 운동 같은 것을 규칙적으로 하여 언제나 몸매 관리에 신경을 쓰도록 하세요.

세련미가 넘치기 때문에 어떤 옷을 입어도 잘 어울리므로 패션에는 크게 신경 쓰지 않아도 좋을 것입니다. 평상복은 몸에 편안한 것이 좋습니다.

만약 외출복으로 헐렁한 옷을 입었다면, 벨트로 허리를 조인다는 식으로 기분을 약간 긴장시키는 것이 좋을 거예요.

옷을 고르는 중점은 우아함에 씩씩함을 곁들이는 것이 최고.

천칭자리 소녀의 외출 패션

키가 크고 날씬하므로 부드러운 질감의 우아한 원피스, 또는 블라우스에 플레어 스커트가 어울릴 것입니다. 색상은 파스텔톤. 반드시 소품으로 포인트를 주도록 하세요.

저축하는 습관을 길러요.

천칭자리 사람들은 금전운은 비교적 좋은 편입니다. 따라서 평소 돈 때문에 곤란을 받는 경우는 많지 않습니다.

돈 씀씀이가 비교적 헤픈데도 어느 사이엔가 또 돈이 들어와 있습니다. 그래도 저축을 하는 습관을 들여 앞날에 대비하는 것이 좋겠지요.

주머니를 잘 채워 주는 사람은 주로 남자일 거예요. 아마도 그 중 아버지가 제일이겠지요.

이런 우정을 나눌 거예요

천칭자리 사람의 인기도는 12별자리 중에서 최고입니다. 평소에도 친구들과 어울리는 것이 어렵지 않을 거예요.

천칭자리들은 친구들을 사귀는 데 있어서 마음이 무척 넓은 편입니다. 까다롭게 굴거나 하지 않고 선선히 응해 주기 때문이지요.

그런데 마음에 드는 꼭 한 사람만을 고르라면 마음이 이리저리 흔들려서 좀처럼 고르기가 힘들지 않나요? 천칭자리의 특징인 우유부단함이 바로 이런 경우에 나타나는 것이지요. 게다가 좋아한다는 감정을 얼굴에 나타내지 않는 편이며, 좋아하는 친구에게 자기가 먼저 접근하는 경우도 드뭅니다. 자신에게 다가와 주기만을 언제까지나 기다리고 있지요.

그러나 이런 식으로 자신의 마음을 계속 억누르면 친구들은, '얘가 누구를 좋아하나?' 라며 안타까워할 거예요.

좀처럼 본심을 드러내지 않는 태도는 상대방을 초조하게 만들지요. 친구를 배려한다는 마음에서 자신의 사랑을 자주 표현하도록 하세요.

천칭자리들은 또 잘생기고 예쁜 사람을 좋아하는 경향이 있어요. 실속 없이 겉멋만 부리는 친구를 고르지요. 하지만 세상을 살아가는데는 겉모습보다는 사람의 됨됨이가 더욱 중요하다는 것을 알아야 해요.

사교적인 천칭자리에게는 연애운이 많아요. 가끔 실타래가 엉키듯이 잘 안 풀릴 때도 있지만 염려 마세요. 틀림없이 진짜 사랑을 엮는 데는 성공하니까요.

아주 부드럽고 적극적인 사람이 운명의 상대가 되겠어요. 어떤 모임에서 첫눈에 반해 그 자리에서 프로포즈를 하는 등, 상당히 드라마틱한 장면이 연출될 수도 있을 것 같군요.

 ## 좋아하는 친구가 천칭자리라면

우아하고 세련되며 예의바른 그 애는 지적이면서 감정도 풍부하여 정말로 멋진 친구로군요. 여러 사람에게 인기는 있지만 절대로 자기가 먼저 접근하는 일은 없습니다.

이런 친구에게는 강한 인상을 심어 주어야 해요. 그 애의 좋은 점을 적극 칭찬해 주는 거예요. 헤어 스타일이 멋있다든가 옷이 예쁘다든지…….

그런 칭찬이 그 애의 귀에는, "나는 네가 좋아"라고 말하는 것으로 들리지요. 마침내 "너도 근사해"라고 그 애가 말한다면 비로소 아름다운 우정을 싹틔우게 될 거예요.

혈액형별로 본 성격

A형
사교성 많은 천칭자리에 A형의 뛰어난 계산력을 갖추었군요. 자신은 가만히 있어도 많은 친구들이 주위에 모여듭니다. 그 가운데 성실하고 진지한 친구를 골라 진심을 보여 주도록 하세요.

B형
천칭자리의 균형 감각에 B형의 상냥함을 지녔군요. 하지만 별로 좋아하지 않는 친구가 사귀자고 해도 확실하게 거절하지 못합니다. 고민이 있을 때는 친구에게 조언을 구하도록 하세요.

AB형
균형감 있는 천칭자리에 AB형의 냉정함을 갖추고 있어 어떤 일에나 마음의 흔들림이 없습니다. 친구를 사귀는 일에도 아주 신중하지요. 좋아하는 친구에게는 자신의 감정을 솔직하게 표현해 보세요.

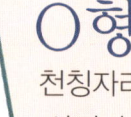

O형
천칭자리의 우아함과 O형의 적극성을 지녔군요. 외모만을 보고 친구를 사귀기 때문에 주위 사람들이 걱정합니다. 진정한 우정은 마음에서 싹트는 거예요. 진실한 우정을 나눌 친구는 그다지 잘생기지 않을지도 몰라요.

다른 별자리와의 사이는?

12별자리 중 최고로 친구운이 좋은 천칭자리 사람은 누구에게나 친절하고 명랑해서 아주 인기가 많습니다.

어느 누구와도 대체로 잘 지낼 수가 있는데, 그 중에서도 특히 양자리, 쌍둥이자리, 사자자리, 천칭자리, 궁수자리, 물병자리 친구들과는 아름다운 우정을 나눌 수 있어요. 생각하는 것은 물론 취미나 특기도 아주 비슷해서 친한 친구가 될 거예요.

반대로 좀 맞지 않는 쪽은 염소자리 사람이에요. 상대방이 이쪽의 좋은 점을 이해하는 데 많은 시간이 걸릴 것 같아요. 하지만 이쪽에서 저쪽의 좋은 점을 보고 배운다면 의외로 빨리 사이가 좋아질 수도 있습니다.

양자리	아주 좋음	속마음을 표현하지 못하는 상대를 잘 감싸 주세요.
황소자리	보통	공통의 예술적 취미를 가지면 좋겠어요.
쌍둥이자리	아주 좋음	아주 자연스러운 이상적인 짝꿍이 되겠어요.
게자리	좋지 않음	상대방에게는 이쪽의 우유부단함이 결점으로 보입니다.
사자자리	좋음	자기 주장을 너무 내세우지 마세요.
처녀자리	보통	지나치게 신경질적인 상대가 피곤할 거예요.
천칭자리	아주 좋음	모두가 부러워하는 사이가 되겠어요.
전갈자리	보통	사귄다 해도 굉장히 따분하겠어요.
궁수자리	약간 좋음	상대가 지나친 행동을 하면 화를 내도록 하세요.
염소자리	좋지 않음	사귈수록 충돌이 많아요.
물병자리	아주 좋음	서로 지적인 대화를 즐기는 관계가 되겠군요.
물고기자리	보통	무조건 의지하려는 상대를 따뜻이 대해 주세요.

천칭자리의 행운의 상징

숫자: 5, 6, 8
보석: 산호, 오팔
색: 크림색, 핑크색
꽃: 수국, 양란, 장미
요일: 금요일
시간: 오전 10시에서 오후 1시
방향: 서쪽
장소: 고원, 미용실, 작은 레스토랑
직업: 미용사, 변호사, 음악가, 탤런트

전갈자리

10월 24일 ~ 11월 22일

전갈자리의 신화

황도 제8궁인 전갈자리는 7월 하순경, 남쪽 하늘에서 빛나고 있습니다.

그리스의 영웅 오리온은 건장한 체격에 아주 잘생겼고, 또한 용감 무쌍하여 수많은 여자들로부터 동경의 대상이었습니다.

그런데 오리온은 자만심이 강하여, "천하에 나보다 강한 자는 또 없다."고 하며 언제나 떠벌리고 다녔습니다.

태양의 신 아폴론을 비롯한 올림포스의 12신들은 자만심에 가득 찬 오리온의 이 말을 듣고 도저히 참을 수가 없었습니다.

그리하여 어느 날, 아폴론은 오

리온이 자주 지나다니는 길에 무서운 독을 지닌 전갈을 보내어 오리온을 공격하게 하였습니다.

그러나 아폴론이 보낸 전갈은 오리온을 물어 죽이는 데 실패하였고 오히려 당하고 말았습니다.

그러자 아폴론은 오리온을 사랑하고 있는 누이동생 아르테미스를 이용하여 기어이 오리온을 죽이고 말았습니다. 아르테미스는 나중에야 오빠 아폴론의 계략에 넘어가 오리온을 죽였다는 사실을 알고 매우 슬퍼하였습니다.

오리온은 나중에 하늘로 올라가 오리온자리가 되었고, 오리온에게 죽은 전갈도 하늘에 올라가 황도상의 여덟 번째 별자리가 된 것입니다.

수호별과 수호신

전갈자리의 수호별은 명왕성, 수호신은 지하 세계를 지키는 죽음의 신 하데스입니다. 그 때문인지 전갈자리 사람에게는 신비한 매력이 가득합니다. 또한 탐구심도 매우 강하지요.

전갈자리는 이런 사람

겉으로는 조용해 보여도 가슴 속에는 뜨거운 마음을 감추고 있는 전갈자리 사람들은 참을성이 강하고 매사에 엄격합니다.

심지가 굳고 꼼꼼하기도 하지요. 그리고 낭만적인 것을 좋아하며, 창조력이 뛰어난 것도 특징입니다.

전갈자리들은 사람을 끌어당기는 신비한 매력의 소유자예요. 한번 결심한 것은 무슨 일이 있더라도 해내는 의지가 상당히 강하고, 모든 일을 끝까지 완벽하게 처리하는 것 또한 장점입니다. 그렇기 때문에 친구들에게 '미더운 친구'랍니다.

전갈자리들은 자신의 좋은 이미지를 유지하기 위하여 열심히 노력합니다. 어떤 경우에는 남들이 상상하기 힘들 정도의 능력을 발휘하여 어려움을 헤쳐 나가는 잠재력도 지니고 있지요.

그러나 좀 자기 멋대로인 편이고 고집스러운 면이 있지요. 자기가 한번 옳다고 생각한 것은 절대로 포기하지 않지요. 그리고 너무 자신만만해서인지 자기의 까다로운 성격에 다른 사람이 맞춰 주길 원하는 경우가 많습니다.

이런 점은 서서히 고쳐 나가야 할 거예요.

또 한 가지 염려가 되는 것은 강한 독점욕과 질투심입니다. 마음 맞는 친구가 또 다른 친구와 가깝게 지내는 것을 가만히 보고만 있지 못하지요. 어떻게 해서든 두 사람 사이를 갈라 놓으려고 애를 쓰는 면이 있는 것 같아요. 두루두루 여러 친구들과 사이좋게 지내는 것이 좋지 않겠어요?

말수가 적어서 섣불리 다가가기 힘든 존재라는 인상을 주위 사람들에게 주고 있지는 않나요.

공부는 이렇게

전갈자리 사람들은 뭔가 하나에 열중하면 다른 것에는 전혀 신경을 쓰지 않는 경향이 있어요. 그래서 관심 있는 과목은 열심히 하지만, 다른 과목은 아예 들여다보지도 않는다거나 한 가지에 너무 집착하여 다른 문제는 건성으로 넘어가 버립니다. 공부하는 요령이 별로 없다는 이야기지요.

의문점은 반드시 선생님께 묻고, 일과표를 꼼꼼하게 짜서 잘 실천하는 계획적인 공부 방법이 필요합니다. 노력은 많이 하므로 공부 요령을 알게 되면 최고가 될 수 있습니다.

# 어떤 패션이 어울릴까?

전갈자리 사람에게는 자그마한 몸집에 몸무게는 비교적 많이 나가는 사람이 많습니다.

몸매는 그다지 아름답다고 할 수 없지만 친구들의 눈길을 끄는 신비스러운 매력이 있어요. 그런 점에서는 12별자리 중 최고이지요. 또 조금 도톰하고 예쁜 입술도 대단한 매력이 되지요.

약점은 목이 좀 굵다는 것과 앞으로 쏠리는 듯한 걸음걸이예요. 바른 자세를 지닐 수 있도록 꾸준히 노력하는 것이 필요합니다.

전갈자리들이게는 좀 어른스러운 옷차림이 어울릴 거예요. 귀엽게 보이려고 장식이 많은 옷이라든가 어려 보이는 옷을 입으면 오히려 이미지 관리에 역효과를 낼 수도 있습니다.

평상복으로는 니트 제품의 입기 쉬운 스타일이 좋습니다. 여름에도 면이나 베로 된 서머 니트를 애용할 것을 권합니다.

외출복으로는 성숙한 분위기의 비교적 몸에 맞는 정장 차림으로 자신의 매력을 최대한 연출하도록 하세요.

전갈자리 소녀의 외출 패션

성숙한 매력을 지니고 있는 전갈자리 소녀, 장식이 없는 단순한 무늬의 정장 차림으로 고상한 분위기를 연출해 보세요.

저축하는 습관을 길러요.

전갈자리 사람의 금전운은 좀 묘합니다. 우연치 않게 돈이 생기는 일이 아주 많아요. 평소에도 생활하는 데 별 어려움이 없으리만큼 부모님이나 친척들에게서 용돈을 풍족하게 받지만, 때로는 물건을 주워 주인에게 돌려 준 답례 등으로 뜻밖의 돈이 생기는 경우도 종종 있습니다.

또 평소에 모르고 지내던 먼 친척의 유산을 상속받는다든지 하는 기적 같은 행운도 있을 거예요.

이런 우정을 나눌 거에요

　전갈자리 사람들은 일단 누군가를 좋아하기 시작하면 오로지 일편 단심으로 상대방이 정신을 차릴 수 없을 정도로 적극적인 애정 표현을 합니다.

　이상적인 친구를 찾아 내는 훌륭한 안목도 지니고 있고, 일단 좋아하는 친구가 생기면 어떠한 방해를 무릎쓰고라도 상대방의 마음이 자신에게로 기울어질 때까지 노력하는 끈기도 있습니다.

　우정이 이루어져도 그 우정을 주위 사람에게 알리지 않는데, 비밀이 많은 것도 전갈자리 사람들의 특징이지요. 그리고 친구의 마음이 자기와 같은 것이 확인되면, 그 친구만을 일평생 좋아합니다. 그 대신 그 친구도 자신이 하는 것처럼 해 주기를 바라지요.

　만일 그 친구가 다른 누군가를 좋아하게 되면 전갈자리 특유의 독점욕이 발동되어 그 누군가를 심하게 질투합니다. 경

우에 따라서는 친구를 증오하기까지 합니다.

또 그렇게 좋아하던 친구와 헤어질 경우, 언제까지나 그 친구를 마음 속에 간직하고 있기 때문에 새로운 친구를 만나지 못하는 경우가 많습니다.

나빴던 일은 될수록 빨리 잊어버리도록 하세요. 보다 더 참되고 근사한 우정을 나눌 수 있는 미래를 포기하면 안 되니까요.

전갈자리들이 지닌 아주 신비로운 매력은 이성 친구들의 가슴을 울렁거리게 합니다. 그런데 이상하게도 전갈자리들의 운명의 상대는 바람둥이들이 많습니다. 잘생긴데다 패션 감각도 좋고, 화술이 좋아 많은 사람들을 꿈 속에 빠지게 하는 사람입니다. 하지만 자신만을 진정으로 대해 줄 상대방은 틀림없이 있으니 염려 마세요.

 좋아하는 친구가 전갈자리라면

그 애는 말수가 적은데다 농담도 할 줄 모르며, 늘 조용하여 큰 소리를 내지 않는데도 왠지 존재감이 느껴지는 사람입니다. 그렇지만 무슨 일인가를 할 때는 자신이 지니고 있는 에너지를 한꺼번에 폭발시키는 등 호쾌하게 행동할 때도 있어요. 한마디로 멋있는 사람이지요.

그 애는 자기가 먼저 고백하지는 못합니다. 이쪽에서 접근해 주기를 기다리고 있지요. 먼저 고백을 하세요. 순수하고 견실한 그 애는 기꺼이 그 순정을 받아 줄 거예요.

혈액형별로 본 성격

A형

전갈자리의 강한 끈기에 A형의 자상함을 갖추었군요. 친구를 사귐에 있어 오직 한 사람 밖에 모르며, 상대방이 곁눈질을 하면 용서하지 않지요. 필요 이상의 질투로 자기 자신을 괴롭히지 마세요.

B형

전갈자리 특유의 조용한 분위기에서 따뜻한 인간성이 풍겨지지만, 일단 누군가를 좋아하게 되면 B형의 대담함이 발휘되어 적극적인 도전을 합니다. 그리고 반드시 성공을 하지요. 파이팅!

AB형

전갈자리의 신비함과 AB형의 냉정함을 지녔군요. 누군가를 좋아하게 되면 얼굴이 빛나는데, 그 사실을 비밀로 간직하고 있기에 가슴이 아플 거예요. 친구에게 살짝 의논하면 친구가 도와 줄 거예요.

O형

전갈자리의 참을성과 O형의 낭만적인 면이 합쳐진 성격입니다. 부드러움 속에 강한 도전력이 숨어 있네요. 누군가를 좋아하게 되면 당연히 적극적으로 다가가는데, 누군가와 사귀고 있는 상대일지라도 전혀 상관하지 않지요.

다른 별자리와의 사이는?

약간 까다로운 전갈자리 사람들은 친구가 그리 많지 않습니다. 어쩌면 외토리로 혼자 다니는 경우도 있을 거예요. 전갈자리들은 좋고 싫은 감정을 아주 분명하게 나타내는 사람으로 좋아하는 상대와는 갑자기 좋아지고, 싫어지면 목소리조차 듣기 싫어합니다. 게다가 여태껏 사이좋게 지내던 친구도 결점이 발견되면 금방 싫어져서 멀리하는 경향도 있습니다.

황소자리, 게자리, 처녀자리, 전갈자리, 염소자리, 물고기자리 친구들과는 마음이 맞는 사귐을 가질 수 있습니다. 친구들이 가끔 충고를 해 줄 때에는 진심으로 받아 들이도록 하세요.

반대로 별로 좋지 않은 사람은 양자리 친구입니다. 서로 자기 주장을 양보하지 않아 반발심을 느끼기 쉬울 거예요.

양자리	좋지 않음	서로 자기 주장이 강하여 충돌이 아주 많아요.
황소자리	좋음	두 사람 모두 고집이 세서 양보심이 필요할 거예요.
쌍둥이자리	좋지 않음	상대의 변덕이 걱정스럽군요.
게자리	아주 좋음	가까이 지내면 지낼수록 친밀감이 느껴질 거예요.
사자자리	좋지 않음	상대의 성질이 급하여 다툼이 잦을 거예요.
처녀자리	좋음	낭만적인 우정을 나눌 수 있겠어요.
천칭자리	보통	한 사람만을 고집하는데 상대는 자유분방, 걱정이네요.
전갈자리	아주 좋음	말수는 적지만 서로 아끼는 마음은 남못지 않아요.
궁수자리	보통	내 주장만 하려고 하면 안 돼요.
염소자리	좋음	둘 다 성실해서 잘 될 것 같아요.
물병자리	좋지 않음	상대가 자신에게만 열중하므로 고통스럽겠어요.
물고기자리	아주 좋음	헌신적인 그 애와 환상적인 우정을 나눌 수 있어요.

전갈자리의 행운의 상징

숫자: 2, 3, 9
보석: 오팔
색: 은회색, 자주색, 핑크
꽃: 국화, 엉겅퀴
요일: 화요일
시간: 오후 1시 전후
방향: 서남쪽
장소: 산이나 해안, 작은 미술관
직업: 과학자, 의사, 엔지니어, 작가

궁수자리

11월 23일 ~ 12월 21일

궁수자리의 신화

황도 제9궁인 궁수자리는 9월 하순 저녁, 남쪽 지평선 부근에서 반짝입니다.

궁수자리의 궁수는 그리스 신화에 나오는 반인반마(반은 사람, 반은 말)의 켄타우로스족 가운데 하나인 케이론이 주인공입니다.

켄타우로스들은 크로노스의 아들들인데, 모두가 성질이 사납고 제멋대로인 무법자였습니다. 그런데 케이론만은 같은 켄타우로스족이면서도 유일하게 정의를 존중하였습니다.

그는 사냥으로 이름난 궁수이자 사냥은 물론 음악이나 의학, 예언술 등에도 뛰어났습니다.

그래서 많은 영웅들을 가르치고, 또한 그들의 좋은 벗이기도 하였습니다.

다른 켄타우로스의 습격을 받은 펠레우스의 목숨을 구해 주기도 하였지요.

또한 영웅이며 의술의 신으로 알려진 아스클레피오스를 길러 의술을 가르치기도 하였습니다.

그러던 어느 날, 사냥을 하던 케이론이 영웅 헤라클레스가 실수로 쏜 독화살에 발을 맞아 그만 죽고 말았습니다.

신들의 왕인 제우스는 그의 죽음을 불쌍히 여겨 케이론을 하늘로 올려서 별자리가 되게 하였습니다. 이것이 궁수자리입니다.

수호별과 수호신

궁수자리의 수호별은 목성, 수호신은 신들의 왕 제우스입니다. 그 때문인지 밝고 정직한 궁수자리 사람들은 많은 사람들로부터 호감을 얻고 있습니다.

궁수자리는 이런 사람

궁수자리 사람들은 천성이 밝고 낙천적이며, 자유롭게 행동하기를 좋아합니다. 성질이 급하기 때문에 불같이 화를 내는 경우도 있지만, 그 화는 언제 그랬냐는 듯 금방 풀리고 마는 그런 것이지요.

세련되고 패션 감각도 뛰어나서 주위 사람들에게 호감을 주며, 사교적이어서 어떤 사람과도 쉽게 사귈 수 있습니다.

머릿속에 떠오르는 대로 즉각 행동하는 경우가 많으며, 실패를 해도 크게 신경 쓰지 않는 편입니다. 반면에 외로움을 자주 느낍니다.

사소한 일에는 별로 신경 쓰지 않는 담대함도 궁수자리 사람의 매력이며, 뭔가 신세를 진 사람에게는 반드시 은혜를 갚으려고 노력하는 것이 장점입니다.

그러나 머릿속의 생각을 잘 정리하지 않고 불쑥 말해 버리는 경향이 있어서 다른 사람에게 마음의 상처를 주는 경우가 가끔 있습니다.

물론 본인은 모르고 하는 일이지만, '내가 이런 말을 할 경우 남들이 어떻게 생각할까?' 하고 상대방을 배려하는 자세가 필요합니다. 그리고 자기가 한 말에 대해서 책임을 지지 못하는 무책임한 면이 있는 것도 염려됩니다.

별것도 아닌 것에 지나치게 호기심을 갖는 경우도 있으며, 수다쟁이 기질도 약간 있어요. 하지만 자기 주장은 의외로 약해서 남의 의견에 줏대 없이 휩쓸리기 쉬운 면도 있습니다.

공부는 이렇게

남에게 지기 싫어하는 전갈자리 사람들은 오로지 끈기 하나로 책상 앞에 버티고 앉아 있는 타입입니다. 하지만 쉬지 않고 하는 공부는 여유를 가지고 하는 것보다 오히려 더 나쁜 결과가 나올 수도 있지요.

집에서 오랜 시간 공부하는 것도 나쁘지는 않지만, 학교 수업 시간에 정신을 집중하여 잘 듣는 것이 더 좋습니다. 그리고 의문이 나는 것은 선생님께 바로 질문하여 이해하도록 하세요. 그런 다음에 신나게 놀며 머리를 식히는 것이 결국은 공부에서도 승리하는 방법입니다.

어떤 패션이 어울릴까?

궁수자리 사람은 대개 키가 크고 다리도 길어 균형 있는 몸매를 유지하고 있으며 날씬하게 보이는 것이 특징입니다.

매력 포인트는 누가 뭐래도 곱고 건강해 보이는 피부이지요. 또 하얗고 고른 치열과 환하게 웃는 얼굴도 모두의 시선을 끌기에 충분하지요.

다만 동작 하나하나가 약간 거칠다는 것이 흠이라면 흠입니다.

스타일이 좋아서 어떤 것을 입어도 잘 어울리지만, 궁수자리의 매력을 최대한으로 살릴 수 있는 옷은 누가 뭐래도 도시적이고 개성적인 패션입니다. 자신만의 트레이드 마크 같은 얼룩무늬 셔츠를 하나 정해 두는 것도 괜찮겠지요.

평상복은 반바지에 티셔츠 같은 경쾌한 옷이 좋습니다.

외출할 때는 딴 사람들이 흉내낼 수 없는 개성적인 콤비 차림을 하라고 권하고 싶습니다.

궁수자리 소녀의 외출 패션

다리가 길면서 히프 선이 돋보이기 때문에 몸매가 아주 매력적이군요. 얼룩무늬 셔츠블라우스에 꼭 끼는 짧은 미니스커트가 어울릴 거예요.

저축하는 습관을 길러요.

궁수자리 사람들은 사고 싶은 것이 있을 때 돈을 모아서 산다는 일은 상상도 할 수 없습니다. 용돈을 가불받아서라도 당장에 사야만 만족하지요. 돈에 관해서는 앞일을 별로 생각하지 않기 때문에 언제나 빈털터리일 수밖에 없습니다.

그렇지만 특기를 잘 살리면 금전운이 열릴 수도 있어요. 예를 들어, 글짓기를 잘 한다면 시나 단편 소설 등 문예 공모에 응모하여 상금을 받는 것 같은 일입니다.

이런 우정을 나눌 거예요

활동적이며 적극적인 궁수자리 사람은 상대방이 내 쪽에 관심을 기울일때까지 마냥 기다리기만 하지 못합니다.

좋아하는 타입의 친구가 나타나면 상당히 적극적으로 접근하지요. 어떠한 어려움이나 방해가 있어도 상관하지 않고, 오히려 그것에 더 자극을 받아 열심히 다가갑니다. 그 친구의 마음을 완전히 사로잡을 때까지 결코 멈추지 않지요.

게다가 일단 좋아하게 되면 친구의 모든 것이 좋아 보이기 때문에, 간혹 주위 사람들이 그 친구에 대해서 나쁜 말을 하거나 흉을 보면 불같이 화를 내며 싸움까지도 하게 됩니다.

하지만 먼저 접근해 오는 친구는 별로 좋아하지 않습니다. 받기보다는 자기가 먼저 좋아하고, 사

118

랑을 주고 싶어하기 때문이지요.

그런데 이런 궁수자리의 우정에는 다소 결점이 있어요.

열렬히 좋아하는 것만큼 그 마음이 식는 속도도 아주 빠르답니다. 누군가에게 속박되는 듯한 것을 아주 싫어하기 때문입니다.

뭔가 하나에 열중하면 곁눈질하는 법 없이 돌진하는 궁수자리들은 이것도 저것도 아닌 어중간한 것은 딱 질색입니다.

너무나 좋아서 생각만 해도 가슴을 두근거리게 하는 친구가 나타나면, 가령 3일 만에 단둘이 만날 것을 약속할 정도로 진행 속도가 빨라질 수도 있습니다. 그런 만큼 상대방을 보는 안목을 길러야 할 필요가 있겠지요.

운명의 상대는 화려한 파티 같은 곳에서 만날 가능성이 높습니다.

좋아하는 친구가 궁수자리라면

궁수자리인 그 애는 호기심이 많아서 흥미로운 것이 있는 곳이면 어디든지 달려갑니다. 또한 누가 간섭하는 것을 아주 싫어하며, 자기가 하고 싶어서 하는 일은 본인이 싫증이 날 때까지 합니다. 어떤 일에 열중하면 그대로 빠져 버리는, 열정이 남다르지만 쉽게 식어 버리기도 합니다.

이런 그 애의 마음을 사로잡는 데는 선물 작전이 최고지요. 작지만 정성이 깃들인 세련된 실용품을 가끔 선물해 보세요. 그 애는 선물을 고르는 센스를 마음에 들어 하며 자신도 모르는 사이에 마음을 기울일 거예요.

AB BOA 혈액형별로 본 성격

A형

궁수자리의 돌진력과 A형의 열정을 함께 지녔군요. 상대방의 모든 것을 알아야만 마음이 놓이는 성격인데, 두뇌가 명석한 상대가 좋습니다. 가슴 속의 열정을 지성으로 누그러뜨려 줄 거예요.

B형

궁수자리의 대담함과 B형의 자유로움을 아울러 갖추었군요. 좋아하기 시작하면 상식을 무시하는 면이 있는데, 그런 행동이 다른 사람에게는 상처를 줄 수도 있다는 것을 염두에 두도록 하세요.

AB형

궁수자리의 날렵함과 AB형의 지성을 함께 지녔군요. 호기심도 아주 많네요. 친구들과 함께 즐길 수 있는 것을 찾습니다. 하지만 이랬다 저랬다 변덕이 심한 점이 그 애의 가슴에 상처를 줄지도 몰라요.

O형

궁수자리의 일편 단심인 면과 O형의 적극성을 지녔군요. 활발하고 명랑하여 팬들이 많아요. 하지만 뜨거워지기 쉽고 식는 속도도 빠른 궁수자리의 성격이 강하므로 자신의 감정 조절에 유의하세요.

다른 별자리와의 사이는?

밝고 활동적인 궁수자리들은 대인 관계가 원만하여 친구가 많습니다. 숫기가 있기 때문에 처음 만난 사람과도 금세 잘 사귀지요. 게다가 남들을 격려한다거나 기운을 북돋워 주는 일을 잘 해서 모두의 스타입니다. 하지만 깊게 생각하지 않고 말을 함부로 해 버리는 경향이 있어 가끔 친구의 마음에 상처를 입히기도 하지요.

분위기에 어울리는 말만 하도록 노력할 필요가 있습니다.

양자리, 쌍둥이자리, 사자자리, 천칭자리, 궁수자리, 물병자리의 친구들과는 즐거우면서도 진지한 대화를 통하여 친하게 지낼 수 있습니다.

반대로 맞지 않는 사람은 황소자리 친구예요. 모든 일에 낙천적인 황소자리의 느긋함이 성질 급한 궁수자리들을 초조하게 만들거든요.

양자리	아주 좋음	서로 솔직한 성격이 마음에 맞는 좋은 사이예요.
황소자리	좋지 않음	성격이 맞지 않아 다투는 일이 많겠어요.
쌍둥이자리	좋음	즐거운 대화로 상대를 끌어당기는 노력이 필요해요.
게자리	보통	이쪽의 변덕에 상대가 냉담해질지도 몰라요.
사자자리	아주 좋음	대화가 통하는 이상적인 짝이 되겠어요.
처녀자리	좋지 않음	둘 다 신경질적이 되어 다툼이 많겠어요.
천칭자리	좋음	품위 있는 사람을 좋아하는 상대에게 맞추도록 하세요.
전갈자리	보통	너무 진지한 상대 때문에 피곤해질지도 몰라요.
궁수자리	아주 좋음	사고 방식, 감각이 비슷해서 최고의 짝꿍이 되겠어요.
염소자리	보통	본심을 모르기 때문에 상대가 화를 낼지도 몰라요.
물병자리	좋음	자유를 사랑하는 두 사람, 좋은 관계를 지속시키네요.
물고기자리	좋지 않음	자신의 일에만 열중하기 때문에 상대가 지칠 거예요.

궁수자리의 행운의 상징

숫자: 1, 2, 3
보석: 수정, 터키석
색: 감청색, 보라색, 빨강
꽃: 제비꽃, 카네이션
요일: 목요일
시간: 오후 1시에서 4시
방향: 남서쪽
장소: 교회, 절
직업: 외교관, 신문 기자, 탤런트, 통역

염소자리

12월 22일 ~ 1월 19일

염소자리의 신화

황도 제 10궁인 염소자리는 9월 하순 저녁, 남쪽 하늘에서 빛납니다.

목신 판은 그리스 신화의 전령의 신 헤르메스의 아들로, 상반신은 사람이고 하반신은 염소입니다. 얼굴은 사람이지만 머리에는 염소의 뿔이 나 있고, 턱에는 긴 염소 수염이 달려 있었습니다.

어느 날, 나일 강 부근에서 신들의 파티가 열렸는데, 성격이 활달한 판도 그 자리에 참석하였습니다. 그는 갈대로 만든 피리를 불어 여러 신들을 즐겁게 해 주고 있었습니다.

그런데 그 자리에 갑자기 괴물 튜폰이 요란한 소리를 내며 뛰어들어왔습니다. 튜폰은 제우스 신조차도 처치 곤란해하는 터무니없이 큰 괴물인데, 머리가 하늘에 닿으리만큼 크고 팔을 벌리면 양쪽 팔이 동쪽 끝과 서쪽 끝에 닿았습니다.

또 상반신은 인간이지만 얼굴이 100개나 되고, 하반신은 뱀인 징그러운 모습을 하고 있었습니다.

튜폰의 등장으로 파티가 엉망진창이 되자, 신들은 그 자리에 있기가 난처했습니다. 그래서 각자 여러 모습으로 변신하여 뿔뿔이 그 자리에서 흩어졌습니다. 판도 예외는 아니었지요. 그런데 너무 당황한 나머지, 하반신은 물고기가 되었지만 상반신은 염소 모습 그대로였습니다.

이 모습을 본 제우스 신이 배를 움켜 쥐고 크게 웃어젖혔습니다. 그리고 기념으로 판을 하늘에 올려 별자리로 만들었다고 합니다. 이것이 염소자리입니다.

 ### 수호별과 수호신

염소자리의 수호별은 토성, 수호신은 신들의 제왕 제우스 신의 아버지인 크로노스입니다. 그래서인지 염소자리 사람들은 아주 진지하고 성실한 노력파가 많습니다.

염소자리는 이런 사람

염소자리 사람은 아주 진실하고 성실하며 착합니다. 내성적인 성격에 평소 말수가 적고, 어떤 일에나 신중하고 조심성이 많지요. 인내심과 책임감이 강한 것도 염소자리의 특징입니다.

한번 한 약속은 무슨 일이 있어도 지키므로 누구에게나 신뢰를 받으며, 말솜씨는 뛰어나지 않지만 친구들을 배신하는 따위의 비도덕적인 일은 절대 하지 않습니다. 조용한 가운데 의리를 지키는 성품이지요.

또 누구에게나 예의바르고 세세한 곳까지 신경을 써 주기 때문에 좋은 평을 받습니다. 그러나 고독을 좋아하여 친구들을 사귀고 함께 어울리는 일에는 약간 서투른 면이 있어요.

그리고 자신의 감정을 잘 표현하지 않기 때문에 친구들은 '얘는 도대체 무슨 생각을 하는 거야?' 할지 모릅니다. 명랑하게 행동하는 것에 익숙하지 못한 점을 보고 딱딱하고 재미없는 친구라고 생각할 수도 있어요.

지금보다 더 사교적이 되어 친구들과 어울리려고 노력하는 자세가 필요합니다.

또 사소한 일도 너무 과장되게 고민하고, 다른 사람을 진심으로 믿지 못하고 있지는 않은지 자기 자신을 돌아봐야겠지요.

우선 마음의 문을 열고 참다운 친구를 사귀는 일에 많은 노력을 기울여야겠지요.

공부는 이렇게

"성실한 게 뭐가 나빠?" 하고 자기 길을 묵묵히 가는 염소자리 사람들은 항상 정상을 향하여 차근차근 노력하는 자세가 아주 모범적입니다. 노력과 근면, 이것이 성적을 올릴 수 있는 최상의 방법이지요. 다른 사람의 공부 방법을 아무리 흉내내 봐도 시간 낭비만 될 거예요.

매일 틈틈이 하는 공부가 제일 좋습니다. 단시일 내에 성적이 향상되긴 어렵겠지만, 한번 외우면 절대로 잊어버리지 않는 기억력을 타고났으므로 어느 새 반에서 일 등이 되어 있을지도 몰라요.

어떤 패션이 어울릴까?

손발이 귀엽고 작으며, 키는 별로 크지 않지만 날씬한 사람이 많은 것이 염소자리의 특징입니다.

날씬한 몸매와 깨끗한 분위기가 염소자리의 중요한 매력 포인트예요. 얼굴이 작고 살결이 고운 것도 또한 빛나는 매력입니다.

약점은 살집이 없어 너무 말랐다는 거예요. 특히 다리가 너무 약합니다. 수영이라든가 조깅 같은 운동으로 그 약점을 보완하도록 하세요.

염소자리 사람은 스포티한 것보다 우아한 차림이 아주 잘 어울립니다. 예술가 풍의 옷차림도 염소자리 사람의 분위기에 썩 잘 어울리지요.

평상복은 글씨 무늬의 티셔츠나 트레이닝 셔츠가 좋습니다.

염소자리 소녀의 외출 패션

작은 깃이나 부푼 소매가 달린 블라우스에 드레시한 꽃무늬 스커트로 가냘픈 몸매를 가꾸어 보세요. 귀여움과 여성스러움이 한결 돋보일 거예요.

저축하는 습관을 길러요.

염소자리들은 용돈을 규모 있게 쓰기 때문에 곤란을 겪는 일이 거의 없습니다. 결코 구두쇠는 아닌데, 돈을 헤프게 쓰지 않기 때문에 꼭 써야 할 때는 여유롭게 쓸 수 있지요.

패션에 돈을 쓰기보다는 차라리 책을 사는 편이 더 좋다고 하는 타입이 염소자리에는 많습니다. 차곡차곡 모은 돈을 갑자기 엉뚱한 데다 몽땅 써야 되는 경우도 없지는 않지만.

작은 선물을 마련한다든가 떡볶이를 산다든가, 한번쯤 친구들에게 인심을 쓰면 좋은 일이 생길지도 모릅니다.

이런 우정을 나눌 거예요

염소자리 사람들은 이성 친구에게 관심을 갖는 시기가 다른 사람보다 약간 늦어질 것 같습니다. 지금으로서는 이성 친구 문제로 들뜨는 아이들이 잘 이해되지 않을 거예요. 하지만 자신에게도 곧 멋진 우정이 찾아올 테니 친구들을 너무 몰아붙이지 마세요.

염소자리 사람은 조심성이 많아 쉽게 이성 친구를 사귀지 못합니다. 멀찍이서 지켜 보며 마음 속으로 애정을 키워 가는 타입이지요. 그리고 상대가 자신에게 관심을 가져 줄 때까지 계속 기다립니다.

자신을 진정으로 아껴 주는 사람이 아니면 절대로 마음이 움직이지 않는 염소자리들은 상대방의 핸섬한 외모에 반하는 일은 없습니다. 그래서 좋아하는 친구를 만나는 시기가 조금 늦어질지도 모릅니다. 아니, 만남이 늦어진다기보다 운명의 상대라는 확신을 하는 데 남보다 시간이 좀 걸린다는 표현이 더 정확할 거예요.

하지만 일단 자기를 좋아해 주는 사람은 절대 배반하지 않습니다.

염소자리들은 상대를 위하여 뒤에서 노력하는 것을 즐거움으로 여깁니다. 상대방도 자기와 같은 마음이기를 간절히 원하면서……

그러나 상대가 좋아해 주기만을 기다려서는 아름다운 우정이 이루어지기 어렵습니다. 상대방에게 접근할 용기를 내지 못하면 영영 그 기회를 놓치고 후회하는 경우가 있을지도 몰라요. 진정으로 좋아할 수 있는 친구라고 여겨지면 과감하게 부딪쳐 보세요. 용기를 내야만 해요.

운명의 상대는 항상 가까이에 있어요. 동급생이거나 어릴 적부터 알고 지내던 사람일 수도 있지요.

 ## 좋아하는 친구가 염소자리라면

그 애는 성실하고 꼼꼼한 반면 완고하고 책임감이 강합니다. 또한 가슴 속에 간직한 정열은 다른 사람의 몇 배나 되지요. 우정이 이루어졌을 때 가장 행복감을 느낄 수 있는 상대가 바로 이 염소자리의 친구입니다. 그 애는 외모 가꾸기에는 전혀 관심이 없을 거예요. 하루하루를 무엇을 하며 얼마나 성실하게 보내는가를 중요하게 여기고 있거든요. 그 애가 학급에서 무슨 직책을 맡고 있다면 말 없이 도와 주세요. 괜찮다고 말하면 아무 말 없이 물러났다가 다음에 또 도와 주는 거예요. 괜찮다는 말을 않게 되면 비로소 친구로 받아들이겠다는 뜻인 줄 알아차리세요.

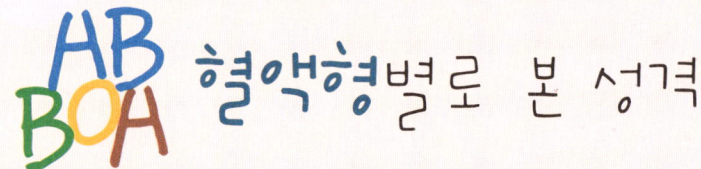 혈액형별로 본 성격

A형
염소자리의 신중함과 A형의 섬세함을 가져서인지, 누구를 좋아하는 일에는 겁쟁이예요. 상처를 받을까 봐 적극적으로 행동하지 못하지요. 기다리지 말고 자신의 마음을 솔직하게 표현해 보세요.

B형

염소자리의 노력하는 특징에 B형의 진지함을 지녔군요. 너무 진지하게 생각만 하지 말고 때로는 아름다운 그림이나 시에 젖어 풍부한 감성을 기르도록 하세요. 순수한 우정을 나눌 수 있게 될 거예요.

AB형
염소자리의 끈기와 AB형의 냉철함을 지녔어요. 이성 친구에게는 무의식 중에 벽을 둘러치고 있습니다. 남보다는 늦지만 서서히 예쁜 우정을 키워 갈 수 있습니다.

O형

염소자리의 완고함과 O형의 낭만을 함께 지니고 있어서 자신의 마음에 들지 않으면 절대로 사귀지 않겠다는 고집스러운 성격이에요. 하지만 사귀어 보지 않으면 어떤 친구인지 알 수 없지요. 폭넓은 교제를 하도록 하세요.

다른 별자리와의 사이는?

염소자리 사람은 친구운이 별로 좋지 않은데다 친구를 만들려는 의지도 부족합니다. 하지만 상대방이 먼저 호감을 느끼고 접근해 오면 좋은 사이가 되려고 노력하지요. 서로 마음이 맞으면 상대를 소중히 여기고 아주 친절하게 대합니다. 그렇지만 마음이 맞는다고 무조건 잘 어울리는 친구라고는 단정할 수 없습니다. 매사에 무책임한 친구와 사귀면 도중에 배신당할지도 모르니까요.

황소자리, 처녀자리, 전갈자리, 염소자리, 물고기자리의 사람들과는 좋은 우정을 나눌 수 있습니다. 그들은 염소자리 사람의 좋은 점을 확실하게 파악한 후 교제를 시작하기 때문에 잘 이해해 주거든요.

하지만 양자리 친구와는 잘 맞지 않을 거예요. 염소자리의 고집스러움과 급한 성질의 양자리 친구가 사이좋게 지내기는 좀처럼 힘들지요.

양자리	좋지 않음	서로 자기 주장이 강하므로 부딪치면 큰 싸움이 돼요.
황소자리	아주 좋음	서로가 일시적인 감정에 흐르지 않으므로 좋아요.
쌍둥이자리	좋지 않음	바람둥이 상대 때문에 언제나 고통스러울 거예요.
게자리	보통	기분파인 상대에게 피곤함을 느낄 거예요.
사자자리	보통	자기 주장을 굽힌다면 사이좋게 지낼 수 있어요.
처녀자리	아주 좋음	서로 이끌리는 두 사람, 공통의 취미를 가지도록 하세요.
천칭자리	좋지 않음	상대가 게으름뱅이로 보여 기분이 맞지 않을 거예요.
전갈자리	좋음	서로 진솔한 면이 있어 잘 어울릴 수 있어요.
궁수자리	보통	자신이 상대를 리드할 수 있으면 좋아요.
염소자리	아주 좋음	서로 격려하는 최고의 짝꿍이 될 거예요.
물병자리	보통	상대의 개성을 인정하면 좋은 사이가 될 거예요.
물고기자리	좋음	정이 많은 상대는 위로해 주는 것에 보답하지요.

염소자리의 행운의 상징

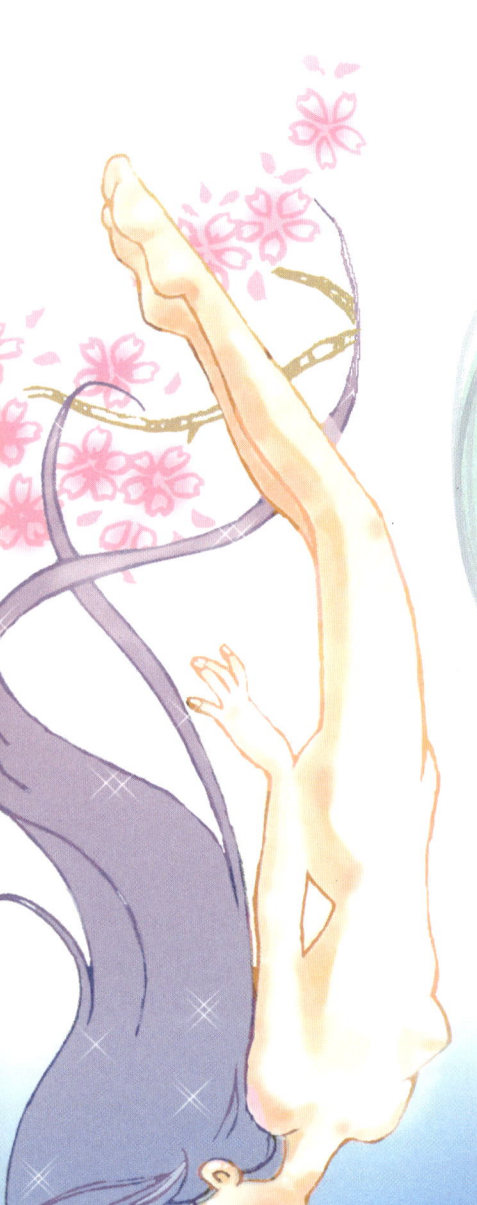

숫자: 5, 6, 8
보석: 사파이어, 터키석
색: 베이지, 빨강, 암갈색
꽃: 라일락, 양귀비, 진달래
요일: 토요일
시간: 오후 2시에서 5시
방향: 남쪽
장소: 고원, 나무가 많은 공원, 통행이 적은 골목
직업: 공무원, 약사, 의사

물병자리

1월 20일 ~ 2월 18일

물병자리의 신화

황도 제 11궁인 물병자리는 10월 중순경, 정남쪽 밤하늘에서 빛납니다.

그리스 신화에 나오는 가니메데스는 온몸에서 금빛이 풍겨 나오는 아름다운 미소년입니다. 트로이 왕가의 조상 트로스의 아들로서, 인간 중에서 가장 아름다운 소년이었습니다.

어느 날 우연히 가니메데스를 본 제우스 신은 첫눈에 그에게 반해 버렸습니다. 아름다운 소년을 데려다 신들의 시중을 들게 해야겠다고 마음먹은 제우스는 커다란 독수리로 변신하여 가니메데스를 납치하였습니다.

그리하여 올림포스 산의 신들에게 아름다운 인간을 소개하고 파티장에서 심부름을 시켰습니다.

　가니메데스는 아름다운 외모 못지 않게 마음씨 또한 상냥하고 친절한 성품이었기 때문에 신들에게 헌신적으로 봉사하였습니다.

　신들은 그러한 가니메데스를 자기 자식을 대하듯 무척이나 귀여워해 주었습니다.

　제우스 신은 마침내 가니메데스가 죽자, 생전의 그의 공로를 높이 사서 가니메데스를 하늘로 올려 별자리로 만들었습니다.

　물병자리는 가니메데스가 신들의 시중을 들 때 들고 있던 물병이 함께 올라가 별자리가 된 것입니다.

수호별과 수호신

물병자리를 지켜 주는 별은 천왕성, 수호신은 하늘의 신 우라노스입니다. 그 때문인지 물병자리에는 지적이고 진보적인 생각을 하는 사람들이 많습니다.

물병자리는 이런 사람

물병자리는 밝은 성격에 새로운 것을 발견하기 좋아하는 창조적인 사람들이 많습니다. 엉뚱하고 기발한 아이디어를 내는 것도 좋아하지요.

그리고 자유를 사랑하는 사람이어서 남을 속박하는 일은 하지 않습니다.

또한 정직하고 약속한 것은 무슨 일이 있더라도 반드시 지키며, 의리가 깊어 친구들에게 인기가 높습니다.

모든 사람에게 차별 없이 두루 친절한 것도 물병자리의 매력이지요.

직감력이 뛰어나 앞일을 내다보는 힘을 지니고 있으며, 감수성이 다른 사람보다 월등히 풍부하고 뛰어난 면도 있어요. 외로움을 타는 반면, 혼자 있는 것을 좋아하는 모순된 면도 있습니다. 또한 풍부한 이야깃거리를 가지고 있어 여러 사람과 이야기 나누기를 좋아하지요.

그러나 조금 거만스럽게 행동한다든지, 변덕이 심해 다른 사람을 당황하게 하는 면도 있습니다.

또 자기를 무시하는 사람, 자기와 의견이 맞지 않는 사람에 대해서는 평소 얼굴도 마주치려고 하지 않을 정도로 상당히 냉정합니다.

물병자리들은 좋고 싫음을 너무 눈에 띄게 노골적으로 나타내는 점을 고쳐야 해요. 자기의 감정을 바로 얼굴이나 행동으로 나타내는 것도 주의해야 할 부분입니다.

공부는 이렇게

물병자리의 물병에는 지혜의 물이 들어 있습니다. 물병이 심볼인 물병자리들은 공부 자체를 싫어하지 않습니다. 이해력과 응용력이 뛰어나 우등생이 될 수 있는 머리도 갖고 있으며, 밤샘 공부를 하지 않더라도 성적은 우수하지요.

그러나 좋고 싫음이 분명하여 좋아하지 않는 과목은 들여다보려고도 하지 않는 경향이 있어요. 정성을 쏟아 공부하면 분명 성과가 있을 텐데 말입니다. 친구와 서로 문제를 내면서 가벼운 기분으로 공부하면 효과가 있을 거예요.

어떤 패션이 어울릴까?

보통 키에 보통 체격이지만, 쭉 뻗은 아름다운 다리와 예쁜 몸매가 물병자리 사람들의 최대의 특징입니다.

아기 같은 부드럽고 매끄러운 살결도 상당히 매력적이지요. 사춘기에도 여드름이 별로 나지 않아서 친구들이 부러워할 거예요.

약점은 너무 어려 보인다는 것입니다.

균형이 잘 잡힌 몸매여서 어떤 옷을 입어도 맵시가 나기 때문에 패션에 있어서는 다른 사람에 비해 매우 유리한 편입니다.

대체적으로 화려한 것이 어울리지만, 대담하고 눈에 띄는 패션도 소화할 수 있으니까 과감하게 최신 유행에 도전해 보세요.

옷감은 결이 거칠고 순박한 느낌의 것이 잘 어울립니다.

평상복으로는 편안한 스웨터에 청바

지라는 평범한 스타일이 좋고, 외출복으로서는 청 재킷에 약간 달라붙는 바지를 권합니다.

물병자리 소녀의 외출 패션

다리가 기니까 사브리나 바지와
줄무늬 셔츠로 개성을 마음껏
발휘해 보세요.
몸매가 예뻐서 어떤 옷을 입어도
잘 어울립니다.

저축하는 습관을 길러요.

물병자리들은 원래 돈에는 별 집착이 없습니다. 낭비하지 않고 알뜰하게 저축하여 부자로 사는 것보다는, 가난하더라도 쓰고 싶은 곳에 쓰면서 사는 게 더 좋다고 생각하지요. 그래서 저축 같은 것은 아예 생각도 하지 않습니다. 남들은 돈 씀씀이가 헤프다고 걱정하지만, 물병자리의 괴짜 같은 성격을 귀여워해 주는 사람이 선뜻 용돈을 주거나 하는 행운도 있습니다. 친척 아저씨나 아주머니가 가끔 그러시지요. 그래도 앞날을 대비해 저축하는 습관을 길러야 합니다.

이런 우정을 나눌 거예요

호기심이 많아 뭔가 색다른 것을 좋아하는 물병자리들은 해 보고 싶은 일도 많고 가고 싶은 데도 많고, 이것저것 주위의 모든 것이 흥미거리이지요. 그래서 동성이든 이성이든 친구를 사귀는 일에만 푹 빠져드는 경우는 아주 드뭅니다.

좋아하는 이성 친구가 생겨도 그 때문에 심각하게 고민한다든지 질투로 괴로워하는 일은 거의 없습니다.

오히려 사랑이나 정으로 상대방을 구속한다든지 또 자기가 구속당하는 것을 아주 싫어합니다. 이성 관계를 떠나서 서로가 인간적으로 크게 성장해 가는 그런 우정을 원하지요.

물병자리의 가니메데스는 자유를 사랑하는 미소년입니다.

때문에 이성 친구도 동성 친구와 마찬가지로 자유롭게 사귐

니다. 상대방이 이성이라는 것을 별로 의식하지 않기 때문이지요. 그런데도 물병자리들에게 이성 친구들이 많은 것은 신기한 일입니다.

지적이면서 자유를 사랑하는 물병자리들은, 여러 친구들과 다양한 우정을 경험하면서 자기도 성장해 가는 타입입니다.

하지만 성격이 너무 깔끔해서 본의 아니게 내가 좋다고 다가오는 친구들을 마음아프게 하고 울리는 경우가 더러 있을 거예요. 톡톡 쏘아붙이지 말고 다정하게 대해 주도록 하세요.

물병자리에게 운명의 상대는 예술적 센스가 넘치고 유머 있게 대화하는 자유로운 마음을 지닌 사람입니다. 아마도 화가나 디자이너 같은 예술가일 것 같습니다.

 ## 좋아하는 친구가 물병자리라면

물병자리 그 애는 규칙에 얽매이는 것을 아주 싫어합니다. 항상 냉정해 보이는 잘생긴 얼굴에 때로는 화려한 면을 보여 모두를 놀라게 하는 것을 즐기는 독특한 면이 그 애의 매력이기도 하지요.

이런 상대방은 변화 무쌍한 태도로 접근해야 합니다. 눈이 마주쳤을 때 '메롱!' 한다든지, 한쪽 눈을 찡긋 감아 보인다든지 하면 상대는 그것이 자신의 관심을 끌려고 하는 행동이라는 것을 금방 알아챕니다. 상대도 같은 행동을 한다면 이제 서로의 마음이 같다고 봐도 됩니다.

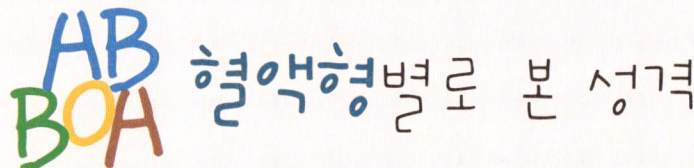 혈액형별로 본 성격

A형

물병자리의 평등 정신에 A형의 남을 배려하는 따뜻한 마음을 지닌 사람이군요. 단둘만의 끈끈한 사귐보다는 편안한 우정을 원하기 때문에, 관심을 갖고 다가오는 상대방의 뜨거운 시선을 무시합니다.

B형

물병자리의 지성과 B형의 자유 분방한 기질을 지녔군요. 누군가에게 구속당하는 것은 딱 질색이어서 많은 이성 친구를 사귀는데, 겉으로 보기에는 정말로 누구를 좋아하는지 남들은 알 수 없습니다.

AB형

물병자리의 박애 정신과 AB형의 지성을 갖추어 아주 매력적이군요. 호기심이 강하여 여러 형태의 우정을 나누겠어요. 그러나 본인은 별 생각 없이 모두에게 친절한 것이 남들 눈에는 바람둥이로 보여 오해를 불러일으킬지도 몰라요.

O형

물병자리의 풍부한 감수성과 O형의 모성애적인 면을 함께 지니고 있군요. 거절하면 마음아파할까 봐 여러 친구를 사귀게 됩니다. 그럼으로써 상대방은 더욱더 상처를 받을 지도 몰라요.

다른 별자리와의 사이는?

물병자리 사람은 주위에 언제나 마음이 맞는 친구가 들끓어야 행복함을 느낍니다. 그리고 자신의 생각을 솔직하게 표현하기 때문에 모두에게 인기가 있지요. 주위 사람들이 일이 생길 때마다 상의를 해 오면, 물병자리 사람은 그 때마다 귀찮아하지 않고 성의껏 조언해 주므로 항상 리더적인 입장입니다. 그러나 그것을 시기하는 사람도 있다는 것을 항상 염두에 두세요.

잘 지낼 수 있는 별자리는 양자리, 쌍둥이자리, 천칭자리, 궁수자리, 물병자리 친구들입니다. 레저 등의 취미 활동을 통하여 좋은 관계를 만들어 가세요. 그러나 처녀자리와는 약간의 트러블이 있을 것 같아요. 의견이 좀처럼 맞지 않는 경우가 많을 것입니다.

양자리	좋음	급한 성질의 상대방을 잘 이해해 주도록 하세요.
황소자리	좋지 않음	상대의 완고함이 좋은 관계를 만들기 힘들게 합니다.
쌍둥이자리	아주 좋음	늘 같은 것을 생각하는 두 사람, 잘 어울려요.
게자리	보통	상대의 질투심을 억제시켜야겠네요.
사자자리	보통	상대방의 억지에 좀 어리둥절할 거예요.
처녀자리	좋지 않음	서로 자기 주장을 내세우기 때문에 트러블이 많아요.
천칭자리	아주 좋음	함께 있으면 두 사람 모두 즐거워요.
전갈자리	좋지 않음	성격이 정반대. 서로 의견 충돌이 많겠어요.
궁수자리	좋음	서로를 격려하는 이상적인 짝궁이 되겠어요.
염소자리	보통	너무나 진지한 상대가 좀 답답하게 느껴질지도 몰라요.
물병자리	아주 좋음	기분과 호흡이 서로 맞아 행복한 시간을 만들 수 있어요.
물고기자리	보통	상대가 필요 이상으로 친절한 것이 부담스러울 거예요.

물병자리의 행운의 상징

숫자: 3, 4, 9
보석: 자수정
색: 은회색, 황록색
꽃: 앵두, 팬지
요일: 토요일
시간: 오후 2시에서 5시
방향: 남동쪽
장소: 고층 빌딩, 미용실, 작은 공원
직업: 디자이너, 모델, 작가, 작사가

물고기자리

2월 19일 ~ 3월 20일

물고기자리의 신화

> 황도 제12궁인 물고기자리는 11월 하순, 남쪽 밤하늘의 한가운데에 빛나고 있습니다.

염소자리 신화에서 나온 나일 강 부근의 신들의 파티를 기억하시겠지요? 신들이 모여 술을 마시며 흥겨워하고 있는 파티장에 갑자기 괴물 튜폰이 뛰어들어서 분위기를 엉망진창으로 망쳐 놓았지요.

튜폰의 등장에 신들은 각기 다른 모습으로 변신하여 파티장에서 도망쳤는데, 목신 판은 당황한 나머지 하반신은 물고기, 상반신은 염소 모습 그대로 변신하여 물 속으로 도망쳤지요.

그 모습이 하도 우스꽝스러워 배를 움켜 쥐고 웃은 제우스 신은 그것을 기념하기 위해 하늘로 올려 염소자리를 만든 것입니다.

다른 모습으로 변신하여 도망간 신들 중에는 아름다움과 사랑의 여신 아프로디테와 그의 아들 에로스(큐피트라고도 불림)가 있었습니다.

두 신은 물고기로 변신하여 강 속으로 도망치면서, 서로 떨어지지 않으려고 꼬리를 리본으로 단단히 묶었습니다.

이 이야기를 들은 지혜의 여신 아테네는 두 마리의 물고기를 하늘로 올려 별자리가 되게 했습니다. 이것이 물고기자리입니다.

수호별과 수호신

물고기자리를 지켜 주는 수호별은 해왕성, 수호신은 바다의 신 포세이돈입니다. 그 때문인지 물고기자리 사람은 부드러운 마음을 지녔으며, 감수성 또한 대단히 풍부합니다.

물고기자리는 이런 사람

물고기자리 사람 중에는 자신만의 상상의 세계를 갖고 있는 영원한 로맨티스트가 많습니다.

감수성이 풍부하여 자신의 감정을 바깥으로 자주 드러내는 물고기자리들은 부드러운 반면에 거친 면이 있고, 평소 용기가 있다고 생각했는데 갑자기 겁쟁이처럼 행동하는, 상당히 복잡한 성격의 소유자입니다.

밖에서는 사교적이지만 집안에서는 식구들을 꼼짝 못하게 하지요. 한마디로 응석받이입니다.

마음이 여려서 슬픈 영화를 보거나 이야기를 들으면 눈물을 흘리기도 하는데, 여러 방면에 걸쳐 아는 것이 많아서 친구와의 대화에 막힘이 없고, 융통성이 있어 누구와도 잘 지낼 수 있습니다.

　인간성이 좋으면서 진솔한 것이 물고기자리의 좋은 점이예요. 곤경에 처한 사람을 보면 그냥 지나치지 못하는 것도 그 중 하나지요.

　그러나 어떤 일에든지 태도가 애매하여 다른 사람의 의견에 휩쓸리기 쉽습니다.

　또 마음에 썩 내키지 않는 일인데도 다른 사람이 해달라고 부탁하면 마음이 약해서 분명하게 거절하지 못하는 편입니다. 그 때문에 필요 이상으로 힘들어하고, 결국은 부탁 받은 일을 해결하지 못하여 고민하는 일도 있습니다.

　이러한 태도는 옳지 않아요. 못하는 것은 못한다고, 자신의 의견을 좀 더 명확하게 말할 수 있도록 노력하세요.

공부는 이렇게

누구보다도 감각이나 재치가 뛰어난 물고기자리들은 평소 공부를 게을리하는 편입니다. 요행수가 잘 맞아떨어지는 것을 믿는 탓이지요. 이 때문에 성적이 갑자기 뚝 떨어지는 불행을 겪을지도 모릅니다. 매일 쉬지 않고 꾸준히 공부하는 습관을 들이세요. 한 번 본 것을 기억하는 능력이 매우 뛰어나기 때문에 책상 앞이나 화장실 벽 등에 암기할 내용을 적어 붙여 놓으면, 오며 가며 볼 수 있으므로 학습 효과가 높을 거예요.

# 어떤 패션이 어울릴까?

물고기자리 사람들은 훌쭉한 몸매에 키는 중간 정도이고, 어딘지 가냘픈 느낌을 주는 특징이 있는 것 같습니다.

또한 영리해 보이는 상냥한 눈매, 부드럽고 윤기 흐르는 머릿결, 흰 피부, 가느다란 허리, 귀여운 손발 등 물고기자리 사람은 여러 가지 매력 포인트를 가지고 있지요. 이 모든 것을 갖추고 있지 않더라도 이 중 한 가지 이상은 분명 가지고 있을 것입니다.

약점은 상체가 너무 말라서 실제보다 허리가 길게 보인다는 것이지요.

이러한 신체적 특징을 지닌 사람은 차분하고 고상한 분위기의 패션이 어울립니다. 화려한 배색의 옷은 오히려 개성을 덮어 버리고 말 거예요.

평상복으로는 수수한 체크무늬 셔츠에 면바지 차림을 권합니다.

외출복은 가급적 정장 차림으로, 스포티한 패션을 피하는 것이 좋습니다.

물고기자리 소녀의 외출 패션

부드러운 소재의 블라우스에
스커트를 받쳐 입도록 하세요.
허리에는 반드시 벨트를 매어
포인트를 주는 것을 잊지 말도록.

저축하는 습관을 길러요.

물고기자리들은 자기 자신만을 위하여 돈을 쓰는 것보다 친구들과 함께 쓴다든지 누군가에게 도움이 되는 곳에 돈 쓰기를 좋아합니다. 이토록 마음씨가 고운 탓인지 신도 외면하지는 않아요. 용돈이 좀 부족하다고 느낄 때면 가족의 누군가가 준다든지, 평소 수집하고 있던 우표나 동전 등의 가격이 갑자기 올라 뜻밖의 횡재를 하는 운이 있습니다.

이런 우정을 나눌 거에요

물고기자리 사람에게 있어서 사랑은 마음의 중요한 영양소가 됩니다. '사랑을 사랑하는 사람'이어서 나이가 들어도 꿈 같은 사랑을 동경하며 혼자만의 공상 세계에 빠져드는 낭만주의자지요.

그래서 사랑에 빠져 버리는 일이 흔한데, 상대의 겉모습에 반해 사랑에 빠진다거나, 평소 안 됐어 하는 마음이 사랑으로 변해 버리기도 하지요.

별로 관심을 두지 않았던 친구에게서 "나는 네가 좋아."라는 고백을 받아도 '나도 좋아해.'라고 착각하고 가슴을 두근거리는 사람입니다. 그때 그때의 분위기에 휩쓸리기 쉬워서 물고기자리 사람은 삼각관계에 빠지는 경우가 많지요. 따라서 사람을 보는 눈과 자기 자신을 정확하게 읽을 줄 아는 눈을 좀더 길러야 합니다. 자기 자신이 정말로 좋아하는 사람이 누구인가를 찾아낼 수 있는 강한 판단력을 가지는 것이 매우 중요합니다.

물고기자리에게는 사랑운이 많습니다. 자상함과 부드러움, 다른 사람의 슬픔을 자기 일같이 생각해 주기 때문에 상대방의 마음이 움직이지 않을 수가 없지요. 자연히 사랑하고 싶다는 생각이 들게 마련입니다.

상처받기 쉽고 응석받이인 물고기자리 사람을 진정으로 사랑해 주는 상대는 조금 연상의 사람일 것입니다. 학교나 교회 서클의 선배 같은 사람이 운명의 그 사람일 수도 있지요.

무엇보다도 운명의 상대가 누구인가를 알아보는 사람은 자기 자신이라는 것을 잊지 마세요.

좋아하는 친구가 물고기자리라면

그 애는 남들이 꺼리는 일을 타고난 서비스 정신으로 싫어하지 않고 처리하는 넓은 마음을 지녔군요. 인정이 많아 곤경에 처한 사람이 있으면 그대로 지나치지 못합니다. 자신을 희생해서라도 남을 도와 줄 정도로 정이 깊은 그 애와 우정을 나누면 행복할 거예요.

이런 사람에게는 동정심을 불러일으키며 접근하는 것이 가장 좋습니다. 상대방에게 슬픈 표정을 지어 보이세요. 그 애가 부드럽게 위로의 말을 걸어 오면 작전은 성공!

혈액형별로 본 성격

A형

물고기자리의 뛰어난 감각과 A형의 섬세함을 고루 갖추었군요. 다른 사람의 마음을 꿰뚫어보는 능력은 대단하지만 적극성이 없는 것이 흠입니다. 좋아하는 사람에게는 헌신적인 사랑을 쏟습니다.

B형

물고기자리의 대범함과 B형의 밝음을 함께 지녔군요. 사랑에 있어서는 약간 변덕이 심합니다. 자신이 열중해 있을 때는 정열적이지만, 일단 식어 버리면 언제 그랬냐는 듯 차가운 이별을 합니다.

AB형

물고기자리의 풍부한 감성에 AB형의 지성이 돋보이는군요. 사랑에 있어서는 거짓말을 하는 일이 있어요. 좋아하는 상대에게는 좀더 관심을 보이도록 하고, 좋아하지 않는 상대에게는 싫다는 의사를 확실하게 표현하도록 하세요.

O형

물고기자리의 모성애에 O형의 낭만적인 기질을 지닌 사람이네요. 분위기에 휩쓸리는 경향이 있는데, 진정한 우정을 나누려면 상대방의 속마음을 잘 파악하고, 자신의 감정을 솔직하게 체크하세요.

다른 별자리와의 사이는?

　사람을 잘 따르는 응석받이에다 인정이 많은 물고기자리들은 친구들에게 호감을 사는 한편으로 이용을 당하기도 하지요. 자신들이 귀찮아하는 일을 대신 해달라고 엄살을 부리는 친구가 있습니다. 하지만 싫은 내색도 없이 선뜻 도와 주므로 인기가 만점이에요. 단, 질투심이 많은 것이 좀 걱정되네요. 친구가 멋진 사람과 사귀게 되었다든지 근사한 옷을 입었다든지 하면 공연히 험담을 하는 등 심술을 부립니다. 자기에게는 자신만이 가진 멋과 장점이 있다는 것을 잊지 않도록 하세요.

　친하게 지낼 수 있는 별자리는 황소자리, 게자리, 처녀자리, 전갈자리, 염소자리, 물고기자리 친구들입니다. 이쪽의 좋은 면을 최대한 높이 평가해 주지요.

　반면에 잘 어울릴 수 없는 사람은 사자자리입니다. 상대방이 잘난 체하는 듯이 보여서 점점 더 멀리하게 될 거예요.

양자리	보통	자기 멋대로인 상대 때문에 혼란스럽겠어요.
황소자리	좋음	이쪽의 응석을 너그러운 상대가 잘 받아 줄 거예요.
쌍둥이자리	좋지 않음	바람둥이 기질을 가진 상대의 말을 전부 믿지 마세요.
게자리	아주 좋음	한번 마음에 들면 무조건 헌신적인 상대, 이상적이에요.
사자자리	좋지 않음	허풍스러운 상대가 미덥지 않을 거예요.
처녀자리	좋음	서로 좋은 점을 발견하도록 하세요.
천칭자리	보통	공통의 취미를 가지고 간격을 좁히도록 하세요.
전갈자리	아주 좋음	이쪽의 부드러움이 두 사람 사이에 행운을 가져오네요.
궁수자리	좋지 않음	상대방의 활달함에 피곤함을 느낄 거예요.
염소자리	좋음	성실한 상대와 인정 많은 자신, 어울리네요.
물병자리	보통	상대에게 약한 면을 보이지 않도록 하세요.
물고기자리	아주 좋음	거울을 보듯 서로를 잘 이해하는 이상적인 짝입니다.

물고기자리의 행운의 상징

숫자: 1, 5, 7
보석: 아쿠아마린
색: 노랑, 연보라
꽃: 물망초, 자스민
요일: 목요일
시간: 오전 11시 전후
방향: 남동쪽
장소: 소극장, 번화가, 특이한 모양의 빌딩
직업: 시인, 심리학자, 종교가, 탤런트, 화가

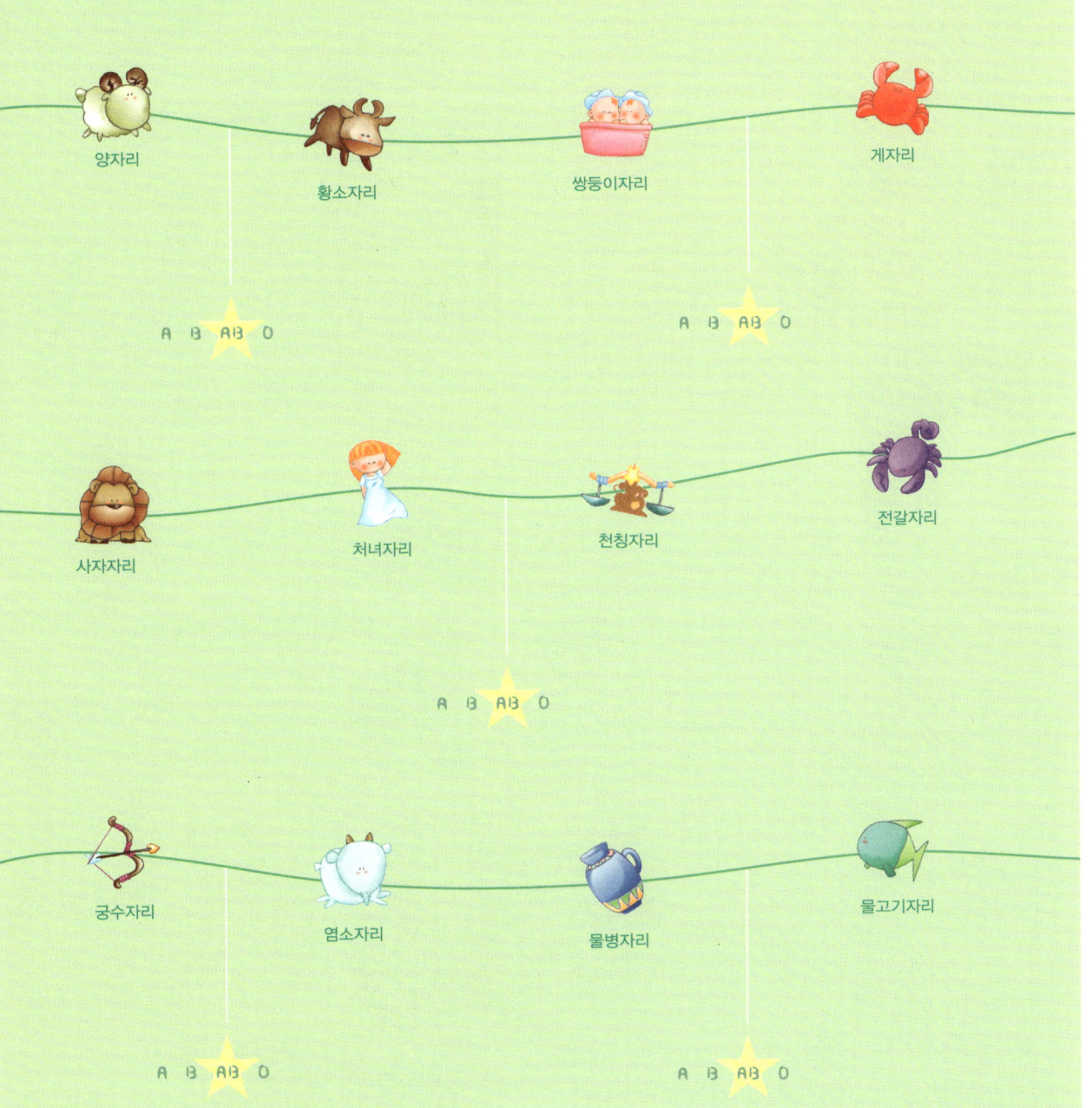

신인류의 책들

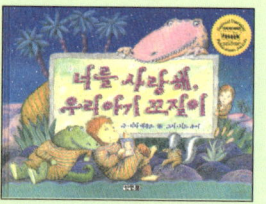

너를 사랑해 우리 아기 꼬질이

아기와 엄마의 사랑하는 마음을 동물에 비유하여 잘 표현한 동화.

글·리사 맥콜트 그림·시드 무어
279×215 값 8,000원

네가 보고 싶어 우리 아기 꼬질이

멀리 외출한 엄마와 아기의 보고싶은 마음을 재미있게 표현한 동화.

글·리사 맥콜트 그림·시드 무어
279×215 값 8,000원

우리아이 생각이 자라는 동화

책을 통해서 생각이 자라고 스스로 옳고 그름을 판단할 수 있는 인성을 키워줄 수 있는 책.

글·이기훈 외 2인 그림·이영옥 외 2인
12절 양장 값 10,000원

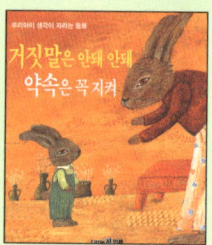

거짓말은 안돼 안돼 약속은 꼭지켜

약속과 거짓을 대비시킨 인성동화. 거짓말을 하다 죽음에 이르는 원숭이왕과 약속을 지키지 않아 아빠와 새끼토끼로 부터 혼이 나는 엄마토끼 이야기.

글·김현애 그림·이영옥 이호정
12절 양장 값 7,500원

고집은 싫어 싫어 겸손이 더 좋아

고집과 겸손을 대비시킨 인성동화. 고집만 부리는 새끼당나귀와 겸손하지 못하고 거만하게 구는 여우가 망신을 당하는 과정을 코믹하게 그린 동화.

글·장은주 그림·장은주 이영옥
12절 양장 값 6,000원

핑계는 미워미워 책임감이 중요해

핑계와 책임을 대비시킨 인성동화. 동물들의 왕국에서 새가 아니라고 우기며 새가 맡은 일을 게을리하는 타조와 자기의 책임을 다한 하마 재판관의 이야기.

글·이기훈 그림·하상철 이호정
12절 양장 값 6,000원

도토리실험천국

초등학생들의 과학실험 교과에 맞춘 실험동화. 주위에서 흔히 볼 수 있게 구성한 동화 형식의 과학실험책.

글·송진숙 그림·전복순
사육배판 변형 값 6,800원

과학상식 100가지

과학 선생님이 특별히 골라 주신 과학 상식. 우리 일상 생활에서부터 날씨, 지구, 바다, 인체, 동식물, 곤충에 관한 궁금한 호기심 100가지, 완전 해결.

글,그림 / 김복용 신국판변형 8,000원

수학하는 어린왕자

어린왕자 속에 나오는 여러 이야기를 활용하여 덧셈, 뺄셈, 나눗셈, 곱셈, 시간 등을 배우고 익힐 수 있게 꾸몄어요.

구성·신동철
신국판 변형 값 7,000원

지혜동화 30가지

엄마가 들려 주는 지혜이야기 모음. 관중과 포숙아, 제갈공명, 백이 숙제 등 중국 고대 인물들에 관한 무궁무진한 지혜이야기. 그 중에서도 절개와 거짓말, 리더쉽, 겸손, 책임감 등이 특히 재미있다.

글·이기훈 신국판 값 8,000원

수호천사 119

생명의 고귀함을 일깨워 주는 어린이 소방 교과서로 119 아저씨들의 활약상과 구급활동, 화재예방, 화재진압의 소방방재 본부의 활약상을 그리고 있다. 또한 어린이들이 알아야 할 화재예방 및 소화기 사용법, 응급처치법, 구급차 부르는 방법을 가르쳐 준다. 글·그림 김영권 값 8,500원

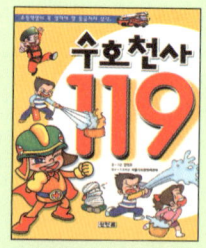

고대문명탐험하기

이 세상에는 현대 과학으로도 풀리지 않는 신비하고도 불가사의한 유적들이 있습니다. 세상 곳곳에 어떤 불가사의한 유적들이 남아 있는지 마법 친구와 함께 재미있는 만화로 엮었습니다.

글·그림 조성계 값 8,000원